私募股权
投资解决方案

向凌云 ◎ 著

PRIVATE EQUITY

海量干货
方法·工具·流程
方案·协议范本
一网打尽

·北京·

图书在版编目（CIP）数据

私募股权投资解决方案/向凌云著．

北京：中国经济出版社，2018.5

ISBN 978-7-5136-5094-6

Ⅰ.①私… Ⅱ.①向… Ⅲ.①股权—投资基金—研究 Ⅳ.①F830.59

中国版本图书馆 CIP 数据核字（2018）第 032823 号

责任编辑	海　毅　高晓晔
责任印制	马小宾
封面设计	任燕飞设计室

出版发行	中国经济出版社
印 刷 者	北京金明盛印刷有限公司
经 销 者	各地新华书店
开　　本	710mm×1000mm　1/16
印　　张	16
字　　数	205 千字
版　　次	2018 年 5 月第 1 版
印　　次	2018 年 5 月第 1 次
定　　价	58.00 元

广告经营许可证　京西工商广字第 8179 号

中国经济出版社 网址 www.economyph.com 社址 北京市西城区百万庄北街 3 号 邮编 100037

本版图书如存在印装质量问题，请与本社发行中心联系调换（联系电话：010-68330607）

版权所有　盗版必究（举报电话：010-68355416　010-68319282）

国家版权局反盗版举报中心（举报电话：12390）　服务热线：010-88386794

前言

前不久,听到国内某基金公司的老总开玩笑说,每次参加业界聚会,谈论最多的就是 PE、VC 的话题。再想想过去几年轮番火热的股市、楼市、邮币市……不能不令人感慨,无论市场怎么变,不变的始终是那颗赚钱的心。

那么,股权投资的魅力究竟有多大?

软银集团创始人、总裁及首席执行官孙正义在日本陷入"失落的 20 年"期间,选择了对中国进行投资。不过他并没有投资实业,也没有投资二级市场,而是以股权投资的形式,投资于当时还名不见经传的阿里巴巴,最终创造投资界神话,一跃成为日本首富。

草根投资者、小米创始人雷军在 2010 年投资和创科技 20 万元,占股 1.3%。到 2015 年 11 月 13 日,和创科技成功挂牌新三板,按照市值计算,雷军获得 5452.15 万元的回报,20 万元翻了将近 300 倍。

这样的案例还有很多。天使投资徐小平用 38 万美元在 4 年时间获得 800 多倍回报;体坛股神姚明所持有的账面价值为 37.5 万元的股份,在短短 28 个月内飙升至 6176.25 万元,升幅高达 165 倍。从这里我们可以看出,股权投资就是在分享优秀企业家智慧的基础上,通过企业成长,达到快速提升个人财富的目的。

截至2017年6月底,我国私募基金的认缴规模已经高达13.59万亿元,单月增长8000亿元,仅半年时间,私募总规模就连续跨越了11万亿、12万亿、13万亿三大整数关口,"三连跳"跃上一个又一个高峰。在这其中,股权及创投私募贡献了主要力量。

与PE/VC行业规模快速扩张相反,由于股票市场震荡,私募证券投资基金规模增长缓慢。根据基金业协会资管数据显示,截至2017年第一季度末,私募证券投资基金的认缴规模为2.97万亿元,非证券(包括股权投资基金、创业投资基金和其他,其中大部分是股权创投)的认缴规模则达到8.93万亿元。非证券类私募基金数额是证券类的近3倍。毫不夸张地说,证券类私募基金趋冷,而非证券类私募基金开始疯狂扩张,正是这两年我国资本市场的真实写照。

那么问题出来了:所有经历过股灾的人可能会心存疑虑,PE/VC如此强劲发展,是否意味着泡沫化已经出现?答案当然是否定的。

当前我国经济正处于转型升级中,国家倡导"双创",鼓励发展高新技术,加大基础建设方面的投入;同时推动产业并购重组,利用技术进步来提高生产力,最终促进经济的发展。股权投资响应国家这一号召,将资金注入到高新技术、利国利民的行业中,如医疗健康、文化教育传媒、环保新能源以及互联网、服务消费等领域,开辟了新时期投资领域的新航线。

目前我国私募股权投资兴起的时间还比较短,真正意义上的兴起不过短短二十几年,因而欧美等地的私募股权发展历史具有很好的借鉴意义。1976年,美国华尔街著名投资银行贝尔斯登的三名银行家合伙成立了KKR机构,专注于被并购企业价值提升后,获利退出。在随后的30年里,KKR完成了146项私募投资,交易总额达到2630亿美元,被冠以"华尔街野蛮人"的帽子。而其他世界知名的私募公司如黑石、高盛、凯雷等，都用自身的发展历程证明了一个道理：股权投资在中国，方兴未艾！

所以，如果能够抓住时代机遇，参与股权投资并且进入财富聚集的平台里，就等于是在行业刚扬帆的那一刻登场，待到行业较热、价格较高的时候选择离场，投资者财富暴涨就是水到渠成的事情。

当下的我们正处于百年难遇的财富创造风口上，能否抓住这个可以改变一生的机遇，就看个人的选择了。

目录

1 私募投资，躺着也能赚大钱的新型投资方式

2014年阿里上市，当年软银投资的2000万美元，收益一举超过500亿美元；腾讯继2013年4月以1500万元注资滴滴后，一路跟投，至今滴滴回报率已经超过5000倍……投资界有种说法："过去十年是房地产的黄金十年，未来十年是私募股权的黄金十年"。

1.1 解读 PE 的前世今生	3
1.2 PE 收益优势显著	18
1.3 PE 投资需要重视经济周期	30

2 团队组建，LP 和 GP，好合作带来大利润

LP（Limited Partner）是有限合伙人，指出资人。GP（General Partner）是普通合伙人，指投资公司内部管理人士。私募股权投资能否盈利，或者说能否获得超额回报，与 LP、GP 之间的合作是否顺畅息息相关。

2.1	PE 团队中的 LP 和 GP	35
2.2	GP 的三种类型	37
2.3	LP 的六种类型	40
2.4	LP 如何选择适合的 GP	43
2.5	GP 募资成功的要点	45
2.6	LP 和 GP 的和气生财之道	49
2.7	PE 团队合伙过程关键点	58

3 完善结构，搭建赚钱的组织形式

有一位投资专家曾经说过，世界最难的两件事 PE 都在做：一是 GP 如何把钱从 LP 手中拿过来；二是 LP 要愿意把钱给 GP。破解这两大难题，需要 LP 和 GP 将彼此的责任和义务、权利和职责都约定清楚，这就需要一个科学合理的组织形式。

3.1	私募股权投资基金的资金募集	69
3.2	PE 基金的组织关系	83
3.3	私募股权投资基金的模式	97

4 项目寻找，复制软银投资神话

所有的 PE 都希望在众多投资项目中遇到"千里马"，投资"独角兽"，复制软银投资阿里巴巴时创下的 7 年获利 71 倍的神话。因此，如何选择合适的项目，并且在投后管理中提升项目的增值服务水平，是实现私募基金创富神话的基础。

4.1	投资的项目	107
4.2	投资项目增值：投后管理	119
4.3	投资项目成功技巧	132
4.4	私募股权投资 PPP 项目的应用	138
4.5	私募股权投资和特色小镇	144

5 尽职调查、科学估值才能做出更佳决策

在私募股权投资流程中，尽职调查和对目标企业的估值都是不可或缺的重要环节。尽职调查的根本原因在于信息不对称，融资方的情况只有通过详尽且专业的调查才能清楚了解。

5.1	尽职调查	153
5.2	项目评估	165

6 退出机制，账面数字转化为现金

私募股权投资是循环投资，具有"投资—管理—退出—再投资"的循环过程。私募股权投资的根本目的，并不是为了控制投资企业或者取得企业的长期经营权，而是为了在恰当的时机退出，让投资者获得高额收益。因此，合理有效地退出就成为投资流程中最重要的环节，这也最能体现出资本循环流动和私募股权资本的活力。

6.1	把握最恰当的退出时机	177
6.2	退出的主流形式	181
6.3	美国私募股权投资基金退出机制参考	195

7 风险控制，为财富保驾护航

从项目的选择，到投资、管理以及最后的盈利退出，私募股权投资需要经历一个漫长的过程。其中任何一个环节都会存在风险，例如价值评估风险、委托代理风险，或者退出风险等。为尽量避免和降低投资中的风险因素，投资机构需要对风险进行管理和把控。

7.1	私募股权投资中的风险	205
7.2	投资项目的风险控制	207
7.3	法律风险	211
7.4	风险管控原则	215
7.5	风险管控方法	217
7.6	控制风险的条款	220

附录 投资入股协议范本

投资入股协议书（非上市）	229
自然人投资入股协议书	235
股东投资入股协议书	238
股权转让协议范本	243

第 1 章
私募投资，躺着也能赚大钱的新型投资方式

  2014年阿里上市，当年软银投资的2000万美元，收益一举超过500亿美元；腾讯继2013年4月以1500万元注资滴滴后，一路跟投，至今滴滴回报率已经超过5000倍……投资界有种说法："过去十年是房地产的黄金十年，未来十年是私募股权的黄金十年。"

1.1　解读 PE 的前世今生

"私募股权"一词源于英文"Private Equity",简称 PE,主要以投资于非公开发行的公司股权而得名。广义上是指投资于非上市股权,或者上市公司非公开交易股权的一种投资方式,包括企业在首次公开发行前各阶段的权益投资,如种子期、初创期、发展期、扩展期、成熟期和 Pre–IPO 各个时期。

狭义上是指对已经形成一定规模的,产生稳定现金流的成熟企业进行创业投资后期的私募股权投资。

对于新兴的企业,以及陷入资金困境、寻求资金支持的上市公司来说,私募股权投资是一种非常重要的资金来源渠道。

1.1.1　中国 PE 发展现状

私募股权投资最早起源于美国。1976 年,美国华尔街著名投资银行贝尔斯登的 3 名银行家投资者成立 Kohlberg Kravis Roberts & Co. L. P. 公司,简称 KKR,专门从事并购业务,它是最早的私募股权投资公司。

到了20世纪80年代，私募股权投资作为一种真正的产业在美国发展起来，通过股权基金、垃圾债券等创新金融工具，PE机构将保险公司、养老机构等大型投资机构的巨额资金集中起来，将收购的各类企业进行改组管理，注入新鲜活力，使传统成熟企业重新适应时代发展，焕发生机。

金融资本参与到传统企业和创新经济中，达到提升改造传统产业，扶植发展创新行业的目的，极大地推动了实体经济的发展。可以说，自20世纪下半叶以来所有促进人类里程碑发展的进步，例如人工智能、互联网等，其背后都有PE机构重度参与的身影。

对于中国来说，私募股权起步虽然比美国晚了30年，但也经历了三个发展阶段，如图1-1所示。

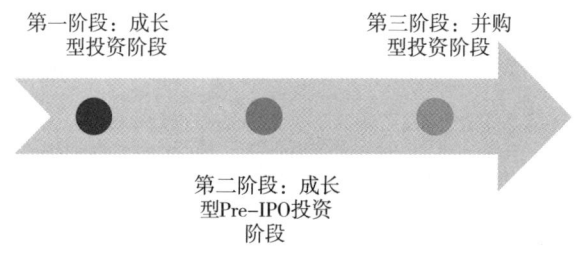

图1-1 中国私募股权发展阶段

1. 成长型投资阶段

在2008年全球金融危机之前，中国经济都是以两位数的速度高速增长，其中好的行业增长速度是20%，有的企业的年增长速度甚至达到了30%~50%。

最初，在国内进行PE投资的机构多数是外资机构或者是有外资背景的机构。在这种经济大环境下，它们投出了很多成功的企业。例如蒙牛、双汇、雨润等。可以说，这一段时间内PE机构的盈利是轻松的，可称之为"捡钱"时代。

2. 成长型 Pre – IPO 投资阶段

2008 年以后，中国经济增长开始放缓，进入调整期。而同期创业板的开启，也令中国 PE 进入第二个发展阶段。

此时，PE 投资机构需要将第一阶段的成长型投资和中国资本市场相结合，在掌握成长型投资的技巧上，理解中国的资本市场运作规律。

处于第二阶段的 PE 投资机构投资未上市企业，想要在 3～5 年内实现企业业绩翻两番，以及上市后流动性估值也翻两番，实现"1 变 4"，这对 PE 投资机构提出更高的专业知识和业务能力要求。

较之上一个"捡钱"时代，这个时期可谓是"抢钱"时代。但是，随着经济的持续放缓增长，以及 A 股上市周期长、难度大、不确定因素多，第二阶段很快就结束了。

对于 PE 投资机构来说，如果要继续进行股权投资，并且获得翻番价值回报，就要找到新的经济增长因素。

3. 并购型投资阶段

PE 投资机构认为，通过并购重组产业和企业的资源，发挥整合者和被整合者之间的协同效应，是可以实现企业新增长的。这就是中国 PE 的第三个发展阶段——并购型投资阶段。

这个阶段的投资利益计算分为以下几点：

（1）继续投资于成长型企业，要求企业每年增长 5%～10% 即可，实现几年后利润增长到 1.5 倍。

（2）利用中国资本市场一、二级市场的溢价，通过上市手段令企业实现从 1 到 1.5 的溢价增值。

（3）通过整合并购，发挥协同效益，提高企业的盈利能力，最终给企业带来额外的利益增长，实现 1.5 倍的利益。

这个时期可以称为"挣钱"时代。"捡钱"与"抢钱"时代,因为比较容易,所以来得快去得也快。而"挣钱"时代因为难度更高,舞台也更大,所以可以维持很长的时间。事实上,这才是中国 PE 真正的大发展时期,需要 PE 机构能够从金融资本向产业资本进化。

1.1.2 PE 的特点

私募股权投资的资金募集和对投资项目进行的合作谈判都是私下进行的,虽然现在很多私募机构已经是处于半公开募集,但是严格意义上来说还是以小范围的私募为主。一般来说,私募股权投资有以下几个特点:

(1) 投资对象为非上市公司,投资时间长达 3~5 年,资金流动性差,属于中长期投资。适合高净值人群的闲散资金。

(2) PE 投资的资金募集方式是非公开性的,其资金来源广泛,一般包括个人、风险基金、杠杆收购基金、养老基金和保险公司等。

(3) PE 指的是股权或者权益的一种,代表的是一种金融工具,也就是投融资后的权利表现,既能发挥融资功能,又能代表投资权益。

(4) 私募股权投资机构要寻找适合的投资项目,需要依靠个人关系或者中介机构、行业协会等。

(5) PE 投资包括普通股、可转让优先股和可转债。其中,可转债指的是 PE 机构以债务形式向公司投资,等到时机成熟,或者说程序和流程都完成了,PE 机构可以选择将可转债转为公司股票。由于可转债属于债权,因此在有偿权的使用上优先于股东。

(6) 私募股权投资倾向于已经形成一定规模和产生稳定现金流的成型企业,这一点和 VC 投资(风险投资)有着明显的区别。

(7) 私募股权投资一般采用有限合伙制,这样既能避免双重征税的弊端,也有很好的投资管理效率。

(8) 私募股权投资机构获得回报退出途径一般有 IPO 退出（首次公开募集股份退出）、出售或者并购、公司资本结构重组、管理层回购等。

作为最受 PE 投资者欢迎的 IPO 退出方式，可以使不可流通的股份转为可交易的上市公司股票，最终实现套现，而且还能获得比其他投资方式都更为可观的收益，一般可以达到投资金额的几倍甚至几十倍。同时，投资项目以首次公开上市的形式退出，证明了 PE 机构资金运作的合理性、有效性，不但能提高目标企业的知名度，还对提升 PE 机构的名声有着积极的意义。

1.1.3　PE 的分类

根据投资企业发展的阶段划分，私募股权投资可以划分为以下几个类别，如图 1-2 所示。

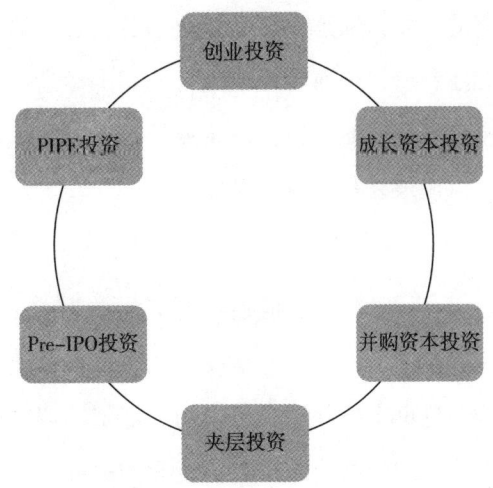

图 1-2　私募股权投资的类别

1. 创业投资

创业投资指的是投资于技术创新和科技型的初创企业。私募股权投资机构通过对初创企业提供资金支持和投后管理服务，使企业能从最初的研发建立阶段逐渐发展壮大，最终将产品顺利推向市场。

由于初创企业的后续发展存在的不确定因素比较多，如财务、政策、运营、市场等，所以投资风险很大。但此类投资一旦成功，利益回报极其丰厚，因而也能吸引一部分投资者。

2. 成长资本投资

成长资本投资的对象一般是已经过了初创期正在发展阶段，其产品已经成型并且推向市场，同时也产生一定收益的企业。

私募股权投资机构通常选择投资的是有一定规模和现金流的企业，同时企业的商业形态已经得到证实并且有良好的成长潜力。通常情况下，机构投资规模为500万~2000万美元，具有可以管控的风险和客观的回报。

3. 并购资本投资

并购资本投资的主要目标是成熟型企业，其目的是通过收购目标企业股权，获得企业的控制权，进而对企业进行一定的改造和提升，有些机构甚至会提出更换企业管理层的建议。待企业价值提升后，投资机构会选择适合的时机退出，以期最终获得溢价回报。

4. 夹层投资

夹层投资的对象一般是已经完成初步融资的企业，其实质是一种附有权益认购权的无担保长期债权，指的是投资者可以根据当初与被投资企业签署的合约规定，一旦事实条件触发了合约上规定的期限或者条件，投资者有权利按照事先约定的价格收购被投资企业的股权，或者将债权转换为股权。

夹层投资具有股权投资和债权投资两种性质，其风险和收益低于股权投资，但是高于债权投资。在企业的财务报表上，夹层投资处于底层股权投资和上层的债权投资之间。

一般来说，夹层投资者出现的时机是在目标企业处于两轮融资之间或者是上市前的最后阶段，也就是目标企业资金正好处于青黄不接的时候。然后等到企业进入新发展阶段后，抽身而退。夹层投资很少会控股，也不会长期持有股份，而是"快进快出"。

相对来说，夹层投资的风险比较小，回报较低，一般在18%~28%之间。

5. Pre-IPO 投资

Pre-IPO 投资对象主要是拟上市企业，或者是企业规模和盈利水平已经达到上市企业水准的企业。Pre-IPO 投资者主要分为投行型投资基金和战略型投资基金。

投行型投资基金指的是具有私募股权投资者和投资银行家双重身份的投资基金，例如高盛、摩根士丹利等。投行型投资基金所具有的投资银行家身份能为企业 IPO 提供直接便利，而私募股权投资者身份有助于提升公开市场上投资者对股票的信心。因此，投行型投资基金的引入有利于企业股票的成功发行。

战略型投资基金能帮助企业在上市前做好充分的准备，协助企业做好上市前的法人治理结构，同时提供管理、客户、技术、财务等专业咨询。

Pre-IPO 投资具有风险小、回收快的特点，在被投资企业股票不断升值的情况下，投资回报也比较高。

6. PIPE 投资

PIPE 是 Private Investment in Public Equity 的缩写，指的是投资于已经上市的公司股份的私募股权投资。

PIPE 投资分为传统型和结构型。传统型 PIPE，指的是企业股份以设定好的价格向投资人发行优先股或者普通股；结构型 PIPE，指的是发行可转换为普通股或者优先股的可转债。

由于 PIPE 融资成本和融资效率相对较高，因而此种投资方式受到很多不希望经历传统股权融资程序的上市公司欢迎。

1.1.4 天使投资、VC、PE 和投行

在说到风险投资的时候，很多人都会提到天使投资、VC（风险投资）和 PE（私募股权投资）。那么，这几个名词到底指的是什么，它们之间的联系和区别又是什么？

如图 1-3 所示，天使投资、风险投资和私募股权投资的划分是由被投资项目所处的阶段而决定的。

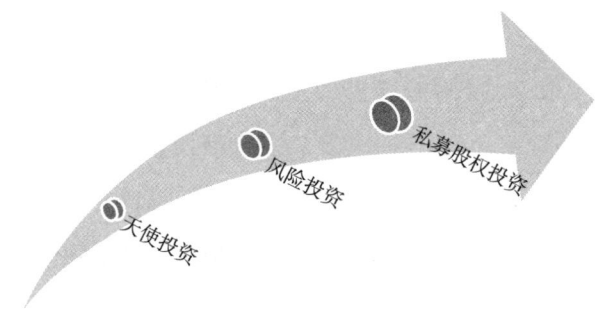

图 1-3　三种投资所处的项目发展不同阶段

在这其中，天使投资和私募股权投资广义上都属于风险投资，也叫做创业投资。但又因为私募股权投资选择的对象是未公开上市的资产，因而私募股权投资涵盖了天使投资、风险投资，并且在范围上更为广泛。

三者的区别则是从被投公司或者项目所处的阶段来划分的。如果将一个项目比喻成一棵植物，那么天使投资属于种子期，风险投资属于成长期，而私募股权投资则是属于成熟期。

至于投行，也就是投资银行，是帮助企业上市的投资银行。

1. 天使投资（Angel Investment）

在多数情况下，天使投资选择的对象是一些比较早期的企业。这些企

业团队只有一个概念，而这些概念能不能转换为有广阔市场前景的项目，还需要时间来验证。在这种情况下，天使投资人做出的投资决定大多是根据自己的经验、喜好、直觉等进行分析判断，其间夹杂着大量的个人因素，因而很难做出理性分析。

早期最常见的天使投资人被戏谑为3F：分别为Family（家人）、Friend（好友）和Fool（傻瓜）。如果说Family和Friend很好理解，毕竟他们对创业者有着充分的了解，在相信他们能够创业成功的基础上鲜少会去审核他们的商业计划书、公司现状等，而是直接投入资金。从这一层面上说，情感的因素更大。

而Fool，则是指跟创业人群并没有过多接触，在投入资金的时候虽然也会对项目做尽职调查，但是无论怎么调查都存在高风险的投资方式。在这种情况下投入资金，投资者看似很傻很愚蠢，实则很可能是独具慧眼，能看到别人所看不到的项目前景。此外，这类人群可能在某个行业领域或者企业中有成功的经历，因此选择项目具有独到之处。

天使投资的额度一般不会太大，基本都是介于50万~100万元之间。当然也有上千万元的天使投资，只是非常少见。

目前，很多天使投资从最初就开始正规操作，同时有很多原本只投资A轮的风险投资机构也开始进行天使投资，因而两者之间的界限也在日益模糊。

总体来说，天使投资的资金主要是用来建立概念的商业模式，通过建立最优商业模式，为A轮资金的引进做好准备。

2. 风险投资（Venture Capital）

对于VC投资者来说，只有当企业经过实践后具备战略雏形，之前提出的某些关键性因素又得到市场验证，能看到成功的希望时，他们才会考虑投资。在作出最后决定之前，投资机构会进行理性分析，并对项目进行风险评估。

风险投资主要是在创业企业发展初期就介入资本，等到项目发育成型后，通过市场退出机制将所投入的资金以股权形态转化为资金并且收回。

风险投资一般是以机构形式运作，投资额度在千万元级别。此类投资和传统单纯资金注入模式不同，它还提供集金融、管理和市场营销为一体的服务。绝大多数的风险投资机构不但为成长期企业提供了资金，还带来先进的管理和营销模式，帮助企业解决创业和发展中遇到的难题，令广大中小企业得到快速提升。

风险投资选择的投资对象一般是处于创业期的中小型高科技技术企业，投资期限至少要 3 年以上，以股权投资为主要投资形式，并不要求控股。同时，风险投资人会积极参与被投资企业的管理，提供增值服务，直到企业实现增值后，风险投资人才会通过上市、收购兼并等手段撤出资本，实现增值。

3. 私募股权投资基金（Private Equity）

私募股权投资基金一般投资的是处于成熟期的企业。

相比尚处于种子期和成长期的企业，成熟期的企业本身已经能够从市场上获取到一定的回报，因此短期内的生存不再是问题。但是，如果企业为了让自身发展进入更高阶段，需要进行 PE 融资，这就对投资机构提出了更高的要求：除了资金，还需要一定的行业背景或者其他资源，能够协助企业更好地发展。

虽然这个阶段的投资金额比较大，但通过各种对赌、回购等协议可以将风险控制到最低。对于非上市公司进行股权投资，会有 3~5 年的时间无法获利，因此，投资者会因资金的流动性差而要求高于公开市场的回报。

从投资回报的方式来看，私募股权投资主要有三种形式：公开发行上市、出售或者并购、公司资本结构重组。

大多数时候，私募股权投资数额从五千万元到数亿元都是很普遍的，而被选择投资的企业，在未来几年内成功上市的可能性都非常大。

4. 投资银行（Investment Banking）

投资银行一般负责帮助企业上市。所有被选中的企业，只要没有特殊事情发生，在未来一年内基本都能上市。

投行分为：外资投行和本土投行。外资投行指的是高盛、摩根大通等；本土投行大部分为券商，几乎所有的股民都是通过他们的S&T（投行交易部）来进行炒股交易，包括一些较小股票的IPO（首次公开募股）。

1.1.5　PE市场的发展趋势

国外的PE从兴起到发展，是由初级小规模的社会资本个人化投资行为到形成有专业机构规模的投资组织行为，投资形式也是从债券化投资演变为股权投资，最终成为现代资本市场不可或缺的行业组成部分。

私募股权投资作为一种新型金融形式的存在，在经历了被称为股权投资行业监管的"最严元年"（2016年）后，新的PE市场投资大致有4种发展趋势，如图1-4所示。

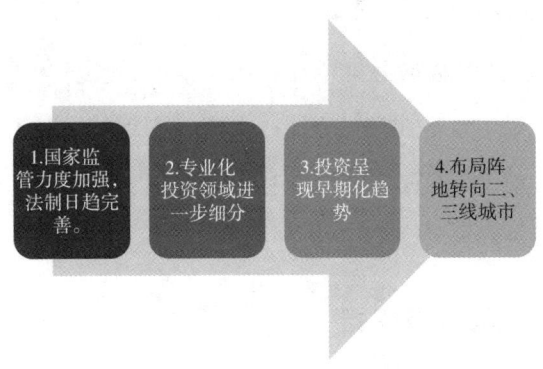

图1-4　PE市场的发展趋势

1. 国家监管力度加强，法制日趋完善

随着国家私募行业的监管朝着统一、规范、多级联动金融监管平台发展，为建立绿色健康的中国私募基金健康生态圈，国家将会建立更加严格、规范和透明的监管体系，私募股权投资行业进入更为健康和有序的发展新阶段。

2. 专业化投资领域进一步细分

如今，PE机构的投资领域已经越来越深度化和专业化，会选择在有限的几个垂直领域进行深度参与，同时对项目的选择、把控以及退出渠道等都有所深究。即使所投资的公司并不能每家都顺利地通过IPO退出，也可以在这个领域内形成一个互助可靠的生态圈。

3. 投资呈现早期化趋势

在最初的PE投资中，由于投资领域没有彻底放开，以及投资环境没有现在的规范合规，因而很多项目或者企业在第一轮募集完成后，很少有人再继续投资。但现在的PE环境和要求都在不断适应和支持创业者发展，早期投资会细化到每一轮，因而如今投资项目早期盈利概率还是很高的。

4. 布局阵地转向二、三线城市

我国PE投资区域基本上集中在环渤海地区、长三角地区和珠三角地区，从城市上来说主要是北京、天津、上海、深圳等。随着中西部发展战略深入推进，目前PE投资阵地已经有了向四川、河南及河北等中西部城市发展的趋势。

1.1.6　PE的投资逻辑

投资的本质就是投资未来。对于PE投资来说，如何选择具有良好持续性成长的企业是至关重要的。一般来说，一个项目或者企业值不值得投资，可以从以下这几个方面进行思考判断，如图 1-5 所示。

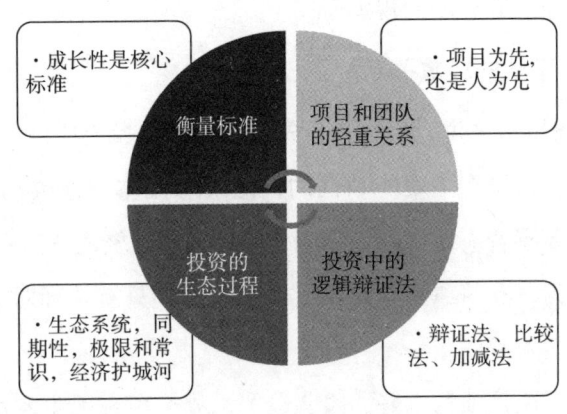

图 1-5　PE 的投资逻辑

1. 衡量标准

PE 在选择投资项目的时候，虽然要考虑的问题有很多，但是项目具有的成长性却是最核心的考核因素。对于 PE 机构来说，企业能否创新是发展的源动力，但是否具有成长性则是投资后的结果收益点。

如何正确衡量出企业的成长性，可以借助以下几点进行判断：

首先，考察企业所在行业的市场规模、行业竞争性和国家产业政策，可以判断出企业成长潜力到底还有多大的空间。

其次，考察目标企业里的企业家和管理人员、核心技术人员。企业家是管理企业的总舵主，管理人员素质的高低决定了企业家方案的执行是否及时、准确、顺畅，而核心技术人员则是确保企业的持续成长必不可少的人员。

再次，看企业的技术能力。关于这一点，除了看企业投入的能力和研究开发的能力，更考察其将技术商品化的能力，也就是生产能力和市场推广能力。

最后，考察企业正处于"生命周期"的哪一个阶段。对于企业所在的行业，如果是传统类型，那么其有新的经济增长点吗？如果是新兴行业，那么其是否已经形成足够的规模？

2. 项目和团队的轻重关系

对于 PE 投资者来说，究竟是投资团队，还是投资项目？

有人认为，人是有主观能动性的，能够积极主动地推动事情的发展，对于项目的成败有着决定性的影响因素，因而要投资团队。

也有人认为，有些项目本身就具有优越性，只有选择对了项目，人的因素才能在里面发挥作用。

事实上，不论是项目也好，团队也罢，哪怕项目天生利润高，没有好的经营者操作，也是不能充分发挥其优势的。

因此，PE 机构在实际投资中，最终是在追求优秀项目的基础上寻求可以与该事业相匹配的团队。没有孰轻孰重，只有谁更适合谁，谁更能将对方的潜力全部挖掘出来。

3. 投资中的逻辑辩证法

PE 机构在投资过程中也要讲究一些方法论的使用，重点可以使用辩证法、比较法和加减法。

在选择企业的过程中，我们注意到企业发展的核心驱动力，这就是内因；也注意到推动企业发展的外因，例如政治环境等；但这些外因并不能令内因形成可持续发展的核心优势。因而 PE 机构在投资的时候，需要透过这些外在的因素看到内在，抛开外在环境给企业带来的增长，从核心角度去考察企业的成长性。这就是辩证法。

而比较法，则是通过对比同行业或者相似的企业，清晰地了解企业在行业内所处的地位和自身的优劣势。

所谓加减法，则是指有加有减。在实际的投资过程中，各种政策因素以及人为因素等都会影响投资结果。对每一种影响因素进行权重计算，一般是有利因素为正数,不利因素为负数,最后进行一定的定量投资决策。

4. 投资的生态过程

PE 投资是一个大的生态系统。无论基金公司募集资金的对象是融资企业、企业管理人员、核心技术人员,还是企业的竞争对手等,如果不能很好地处理好利益关系,整个投资很容易被搅乱。因而 PE 机构在投资过程中,要有利他理念,既为机构盈利,也能够为企业提供更多更好的资源帮助,在追求利益的过程中履行社会实践的责任。

而周期性投资,则是指能够恰到好处地把握住周期趋势进行投资,这种节奏的把握是需要从宏观周期、企业发展周期以及企业的经营和生命周期来综合性考虑的。

至于在提交的各种 PE 投资报告中,有些商业报告书会以某一项"可能会研发成功"的技术在实现后,能给项目带来多高的利润或者是如果融资资金到位,企业的利润可以立刻增长到多少倍,且可以一直延续下去等等。先不说这些技术或者资金是不是一定能研发出来或者到位,就算一切都和预计的一样完美运行,但还有一些不可控因素在其中,这就涉及到了"极限和常识"。

最后,PE 投资注重的是,投资的企业在短期内是不是会有被对手抄袭或者模仿的可能性。为规避这一风险,需要投资者在最初就重视"经济护城河",也就是行业壁垒这一要素。

1.2 PE 收益优势显著

根据中国基金业协会官网公布的私募基金最新备案数据显示，截至 2017 年 6 月底，各类已经备案的私募资金总规模高达 13.59 万亿元，总共增长 3.35 万亿元，私募资金已经超越公募资金 3.5 万亿元。其中，股权及创投私募资金管理的实缴规模已经达到 5.83 万亿元，比 2016 年增长了 1.14 万亿元；但证券类私募资金的实缴规模只有 2.28 万亿元，比 2016 年年底大幅降低 4903 亿元。一个是增长超过 1 万亿元，另一个则是急剧缩水近 5000 亿元，为何会出现如此大的比对状况？

这就是因为私募股权类投资收益优势显著。

1.2.1 PE 盈利模式

根据数据统计显示：在我国高净值人群中，有 84.3% 的人配置了私募股权基金，其中 23.7% 的高净值人士的配置比例超过 30%，7.8% 的高净值人士的配置比例甚至超过 50%。

为什么私募股权投资如此被高净值人群热捧？主要还是因为在同样的

周期内,私募股权投资能比其他资产获得更高回报。

在过去的十年中,我国一线 PE 基金的平均年投资回报率为 20%,是过去十年中国境内主要投资品的年化收益率。如图 1-6 所示。

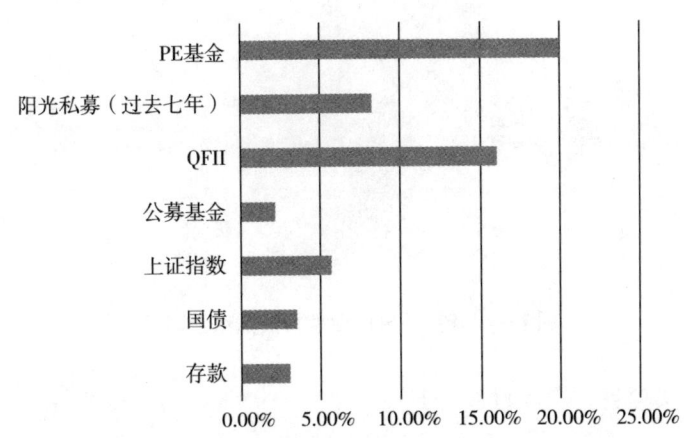

图 1-6 过去十年中国境内主要投资品种的年化收益率

从图 1-6 中可以看到,PE 投资的收益远超于其他投资品种。

那么,PE 投资的盈利模式是什么呢?这需要从两个方面来理解:一是"基金"如何盈利;二是"基金管理人"如何盈利。

1. "基金"如何盈利

从本质上来说,"基金"的盈利是通过"资本利得"和"资本评价"进行的。所谓资本利得,指的是资本本身获得的收益减去支出后获得的利润;资本评价,则是指证券市场对资本价值的评价。如果说资本市场对资本价值的评估高出资本本身的实际价值,那么高出的部分就是资本的评价增值。而私募股权投资主要是通过资本退出来获利,这里的退出主要是指 IPO 退出,也就是目标企业第一次上市后,得到高于本身资本价值的评价增值后退出。

目前,对于私募股权投资主要是通过针对"项目、产品、企业"三者之间的不同组合来获利。如图 1-7 所示，是 PE 项目产业型投资的几个组合模式。

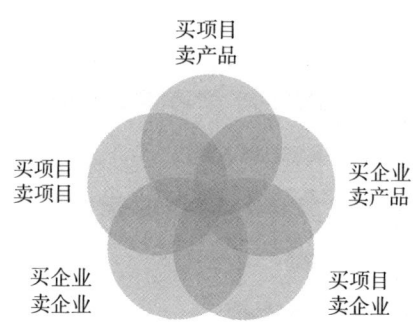

图 1-7　PE 项目产业型投资的组合形式

（1）买项目，卖项目。

私募股权投资者会先投资于某个项目，然后在协助其发展壮大，价值提升后将项目卖出，或者以项目入股。

在这其中，项目卖出属于资本评价，项目入股属于资本利得。

（2）买项目，卖产品。

私募股权投资者在投资项目后，通过设立企业并且进行经营管理后，最终可以从企业中获得收益，这种盈利模式就是资本利得。

（3）买企业，卖产品。

私募股权投资者通过对企业投资并且妥善经营之后，从中获得利益，这也是资本利得的一种。

（4）买项目，卖企业。

私募股权投资者会先购买项目，然后设立企业，并通过经营管理企业后待价值大幅增加后，最终将企业在市场上售出，获得利益。

这是私募股权投资者目前非常青睐的并购投资手法，是资本评价的一种。

(5) 买企业，卖企业。

私募股权投资者会先对企业进行投资，然后对企业进行经营管理和提升，待企业的价值大幅提升后，将企业卖出并且获利。这既是资本评价，也是并购投资。

2. "基金管理人"如何盈利

基金管理人的盈利来源主要包括：基金的管理费、运营收益奖励和最低资本回报率，如图1-8所示。

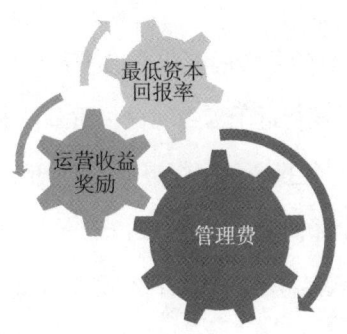

图1-8 基金管理人盈利来源

(1) 管理费。

一般来说，基金公司会收取投资期间内承诺基金规模的1.5%~2%的管理费。这笔费用的收取形式可以是固定的，也可以是管理费随着基金生命周期的衰退而递减。

例如：5年以后管理费用会降低到0.2%，或者是根据投资的资本来收取。

(2) 运营收益奖励。

最常见的分配是普通合伙人和有限合伙人之间的二八分成。也就是说，普通合伙人可以获得20%的利润（附带权益），而有限合伙人则能获得80%的利益。

也就是说，当有限合伙人获得完全资本后，对于每笔的额外收入，普通合伙人和有限合伙人可以按照二八比例分成。

（3）最低资本回报率。

对于普通合伙人来说，要想获得附带权益的收益，就必须要在之前带来一定的年化回报（通常是8%）。

另外，基金管理人还会收取比较少的咨询费等其他服务费用。

1.2.2　PE收益高于"同类"

在实际投资中，PE机构获得超高收益的案例比比皆是。例如，知名投资人徐小平投资的聚美优品获得近千倍的回报；雷军投资的欢聚时代获得112倍的回报；真格基金于2007年投资兰亭集势10万美元，2013年兰亭集势在纽约交易所上市后，真格基金账面退出回报达到253倍，内部收益高达173%。

那么，同样是私募基金投资，为什么股票基金容易亏损，而私募股权投资却能翻倍盈利呢？

首先，私募股权投资收益来源于两个方面：一个是企业的成长性溢价；另一个是二级市场的溢价。例如，某个PE机构投资一家未上市企业，当时是以每股10元的价格认购，等到企业上市后，每股的价格变成了40元。

PE机构选择收益是从以下两个方面来计算的：入股时每股收益1元，退出时业绩翻倍，每股收益为2元。上市前是10倍市盈率入股，上市后是按照20倍市盈率退出。具体如图1-9所示。

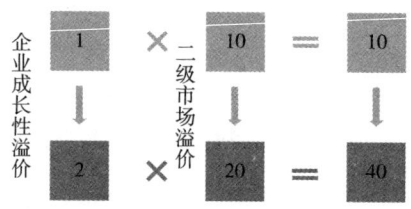

图1-9　PE基金的收益

相较于私募股权投资的收益模式，股票基金的收益模式就没有那么稳定了。

股票基金的收益公式是：（卖出价格－买入价格）×企业净利润的增长率。但是，卖出时的价格和买入时的价格是极其不稳定的。因此股票基金的收益是非常不稳定，有时甚至会亏本。

另外，投资方在进行私募股权投资时，普遍会和企业签订一份保本保息的回购条款，或者是业绩对赌等之类的保障权益的条约，即使是所投资的企业业绩不尽如人意，也能通过现金补偿或者分得更多的股份等方式，保障自己的利益尽量避免受到损失。

在投资前，私募股权投资方会在企业方的信息问题上进行详细且深入的尽职调查，在深入了解的基础上再决定投资与否。而股票投资者是很难得到上市公司内部的可靠调研的，对企业的了解程度并不深。由于在被投资企业的信息透明度上，股票基金的投资者远没有私募股权投资者了解得多，致使做出的投资决策就没有私募股权投资者的决策那么正确，这也为投资后是否能盈利，能盈利多少埋下各种不确定因素。

因为私募股权投资机构在入股后，往往会和企业共同奋斗，齐心协力把企业推向上市之路，在这样的情况下私募股权投资者能充分享受企业增值所带来的利润。对于私募股权投资者来说，企业上市目的的达成，就是他们阶段性目标的实现。而股票投资不仅容易受到市场行情的影响，还会遭遇到上市公司管理团队和股权基金减持套现的压力。

私募股权投资在和同类投资相比有上述优势外，还有以下几个优点，如图 1－10 所示。

1. 降低交易费用，提高投资效率

由于私募股权投资基金的投资行为是一种集合投资方式，投资成本是在众多投资者之间分摊，因而将投资活动中伴随着的经济活动耗费的资金

私募股权投资解决方案

图 1-10　私募股权投资的优势

成本风险降到最低，使众多的投资者分享规模经济和范围经济。

2. 有利于解决信息不对称引发的问题

在私募股权投资活动中，信息不对称问题贯穿整个投资过程，但投资机构本身能有效解决这一问题，并且消除影响。

私募股权投资基金管理人本身具备专业的金融投资知识和管理知识，是行业内的精英，对于复杂的投资环境和条件，具有精确把控和估算的能力，能够敏锐地觉察和精准地计算出风险分布概率，同时对项目前期选择和后期监控都能做到严谨控制。

另外，私募股权投资制度的安排有助于解决信息不对称后带来的道德问题。

一般来说，私募股权投资基金最常见的组织结构，是由有限合伙人和普通合伙人组合而成的有限合伙公司。其中，基金经理一般是作为普通合伙人身份介入所投资的项目或者企业中，因为有着共同的利益，基金经理会积极参与并且扶持企业发展。所以与普通公司股东相比，私募股权投资公司的股东能更准确地知道企业的长处和短板，然后再相应地提供一系列的管理支持和帮助，最大限度使企业增值，同时也令自己的收益增加。

3. 提供价值增值

由于私募股权投资采取的是集合投资方式，对处于不同阶段的项目进行分散投资，同时也将风险降低，成本分摊。所以投资者通过私募股权投资基金进行投资可以享有单个投资者所不能享有的价值增值益处。

1.2.3 PE投资亏损的概率

2016年全国高净值人群中，高达91%的人群获得投资盈利，不过其中只有11%的人群实现30%以上的盈利。

从投资的项目来看，传统金融机构虽然相对安全，但是回报率低。而高净值人群在追求更高回报率的同时，也会更多元化地配置投资工具。在这其中，越来越多的高净值人群把私募股权产品视为不可或缺的投资工具。

当然，对于投资者来说，普遍观念是高收益一定伴随着高风险的。那么，到底应该如何持有公平、公正的态度，去正确认识和看待私募股权投资产品的收益和亏损概率呢？

如图1-11所示，VC投资主要分为两大类。

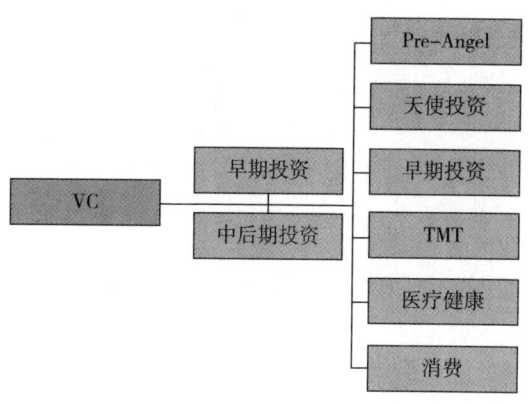

图1-11 早期以VC投资为主的项目

从 VC 的投资项目角度来看，因为投资的是项目或企业的早期，虽然有各种严格的风险把控程序，但 VC 投资风险依然是整个 PE 投资中最高的类型。既然这样，那为什么还是有众多投资者对 VC 投资乐此不疲呢？原因有以下几点：

（1）对于业界来说，最常提到的是天使 + A + B 轮的 VC 投资，通过布局多个项目，是可以从整体上降低亏损概率的。

（2）一般 VC 投资是在 C 轮以后选择时间退出，但是进场的时候整体投资成本很低。A 轮投资项目轮廓刚出来，项目或者企业的估值没有爆发。到 B 轮的时候，估值已经开始稳步提升或者爆发，投资者就算在 B 轮退出，收益也已经凸显出来了。当项目最终上市，回报可以达到非常高的程度。例如高特佳投资博雅生物，回报达 60~80 倍；天堂硅谷投资金刚玻璃，至今回报也约达到 80 倍。

（3）VC 投资的时候一般是奔着 10 倍或者更多的回报来布局的。大部分的 VC 基金是会投资四五个，或者数十个项目，进行多元化的行业布局。所以只要其中有几个项目能够达到预期，那么整个基金的投资就能够实现回本或者回报了。例如，戈壁创投投资亿动传媒、DMG、网格、Camera360、汉柏、车置宝等项目，其中有几个项目已经获得不菲利益，所以整个基金的收益就得到了保证。

从上述几点可以看出，虽然 VC 投资风险大，但是可以通过有效的投资组合来降低风险，从而最大限度获得高回报。

2015 年天使投资通过 IPO、并购、股转退出的平均回报高达 24.21 倍，IRR 为 246.36%。2014 年，天使投资退出时，账面回报高达 165.34 倍。而当年 IPO 回报达到 20 倍以上的项目就包括 IDG 投资的迅雷、真格投资的聚美优品等。即使是通过并购退出，也出现了火溶信息这种高达 70 余倍回报的优质项目。

根据数据显示，通过股权转让退出是天使投资主要退出方式，占比在45%左右，内部报酬达到20%~50%之间；并购退出的占比大约是28%，其次是IPO退出。

综上所述，VC投资回报高，综合亏损率低。

对于投资于财务信息逐渐透明，现金流稳定，利润可以预估，盈利可以复制的PE投资机构来说，尤其是那些业内排名靠前的机构，例如，基石投资的PE产品，亏损的概率就更低了，几乎可以认为是零。如图1-12所示，PE投资的项目有以下几类。

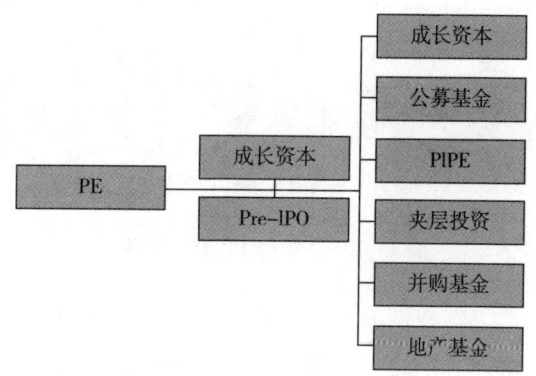

图1-12　投资成熟期和扩张期为主的PE项目

PE投资的项目基本是C轮以后的项目。通常这类企业在海外或者国内都能找到对标企业，因而投资机构可以比较清晰地判断企业的成长。

但对于这类企业来说，单纯的资金注入已经不能完全满足它们的要求，它们会综合考虑。如更关注于投资方是否能给自身带来提高、协同能力如何、市场的公关能力和品牌效应等。在彼此相互的评估中，PE投资机构如果符合企业的要求，那么投资机构往往可以用较低的价格买入企业股份。

很多PE项目因为是奔着上市去的，所以双方对于签署对赌协议和回购协议是有信心的，同时也是对投资人利益的保护。很多项目上市后，一级市场的项目和二级市场的主板、创业板、中小板的估值都比较合理。

PE投资中最大的风险之一，是来自于上市和并购政策监管的不稳定性。同时，项目在上市之后，距离退出还有解禁时间要求，这段时间该项目的股票在二级市场的表现还是要列为个案来观察。

PE投资和VC投资这几年的整体回报率，如图1-13所示。

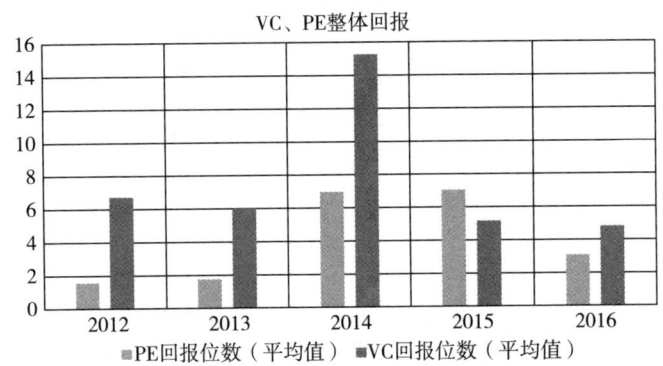

图1-13 VC和PE整体回报

根据图1-13中的数据显示：2016年，VC投资的平均回报大约是在4.8倍，PE投资的平均回报大约是3.1倍。业绩优秀的机构表现会比平均值略高一点。

按照上市后20个交易日，2016年的VC投资和PE投资在国内IPO回报水准基本上是：创业板为11.39倍，中小板为12.66倍；在国外IPO的回报水平为：纳斯达克证交所为20.48倍。

另外，最近十年VC投资和PE投资通过并购退出的收益水平IRR（内部报酬率），如图1-14所示。

根据图1-14中的数据显示：2016年VC投资通过并购退出的收益水平IRR数据是26.5%，PE投资的收益水平是39.7%。

而VC投资和PE投资通过股权转让退出项目的IRR数值，如图1-15所示。

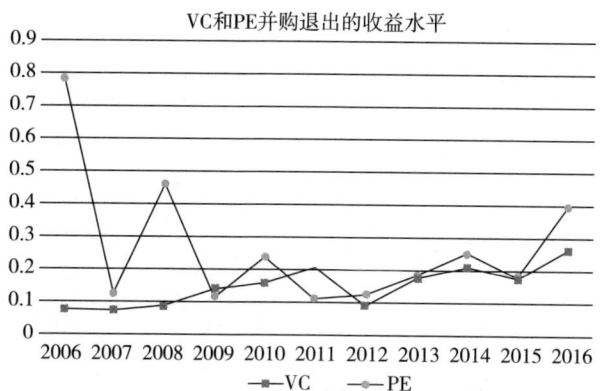

图 1-14　VC 投资和 PE 投资并购退出的收益水平

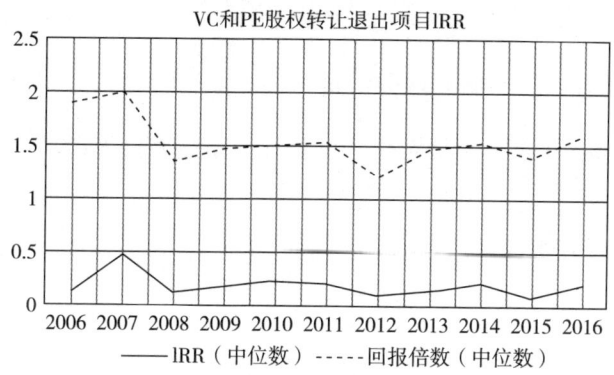

图 1-15　VC 投资和 PE 投资股权转让退出项目 IRR

根据图 1-15 中的数据显示：2016 年，VC 投资和 PE 投资通过股权转让退出的 IRR 平均值为 20.1%。至于回购退出，其 IRR 值一般是在 10%~20% 之间。

综上所述，如果期望有 4 倍左右的合理预期，就可以适当配置点股权投资，但如果是较高回报的项目，在投资的时候就需要投入更多的精力去进行调查，严格控制风险。

1.3　PE 投资需要重视经济周期

在 PE 投资中，一般的投资逻辑是首先确定宏观经济要素，选择好投资的大方向和大范围，再确定选择的行业，最后在此基础上确定值得投资的公司等。

而所谓的宏观经济要素，包括人口、自然环境、资本、技术以及资源。这五个要素，是经济周期的主要构成点。

经济周期划分为四个阶段：繁荣、衰退、萧条、复苏。这四个阶段是周而复返的，再加上在正确认识和分析经济周期要素的基础上，很容易踏准经济发展的浪潮，获得清晰的投资方向。

1.3.1　新消费趋势下的 PE 投资选择

随着国家经济的不断高速发展，人们的物质需求已经从吃饱穿暖上升到吃好穿好，而此时，服务中产阶级的理念也开始涌现。

如图 1-16 所示，在新经济时代，人们的消费关注点包括以下几个方面。

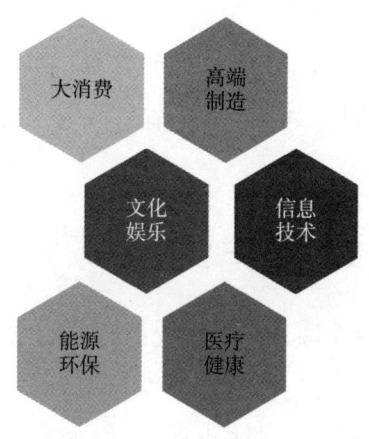

图1-16　新消费趋势关注点

通过这几点，我们大致可以总结出新消费趋势的几个要点：

（1）基本消费品已经过剩，消费者开始追求个性化、品牌化，追求有质感的生活。

（2）线上、线下融合，生活更加便捷。

（3）销售场景的品位化转变。例如，越来越多的商家开始重视装修和设计，讲究艺术性和格调。

（4）重视精神层面的消费。例如，学钢琴的孩子越来越多，看电影的人也越来越多。

随着现代消费意识的不断变革，健康、时尚、环保、个性的生活需求逐渐被放大。在消费领域内进行投资，必须要照顾到这些诉求，并且要用产业布局的方式去投资各种相关产业项目，形成产业链。

另外，PE投资选择的布局行业也有几个衡量标准：

首先，投资行业的时候市场容量需要在100亿元左右。如果说计划在行业内出现一家上市公司，那么市场容量最起码要有30亿元打底。

其次，要明确准备投资的行业正处于发展的哪个阶段，并根据不同的阶段订制不同的投资策略。

最后，根据市场竞争者来判断行业的类型。如果竞争者众多，那么这个行业是呈现指数增长的。如果目前只有这一家，那么这个行业就是科技创新型企业。

1.3.2 经济转型下的 PE 投资选择

我国向来是制造业大国，有着庞大的传统制造机构。在新经济形势下，如何判断制造类企业是否能继续保持效益增长，能否踩住下一轮经济的增长点，关键是要明确企业在未来是否还有增长动力的领域。例如，我国很多的再加工制造业都是有技术的，但是原料需要进口。那么如果在这个行业里，企业可以寻找到新材料或者新原料，这就是一个非常好的效益增长点。

而已经是 PE 投资热门领域的医疗器械，在目前的经济形态下，还是有强大的效益增长点。PE 机构要根据项目所在的阶段进行不同程度的投资。例如，根据医疗器械本身的发展，做成长期投资或者短期投资。这中间的划分主要是根据企业在技术增长点上的发展空间以及国家的进出口贸易数据来衡量。

另外，新经济状态下人们对于服务业需求急速膨胀，技术的垂直化细分已经是常态。在对各种服务业（例如医疗服务）进行投资的时候，选择专科医院比选择综合医院更为适合。同时，在考虑到如今互联网对世界的颠覆性，可以将对传统医疗服务的投资转移到平台式医疗资源独立化的领域。

事实上，在对制造业或者传统行业进行投资的时候，需要看清楚对方是不是一艘正在前行的船。而评估的关键点，就是能否与新经济形态下社会生产和人民生活的变迁衔接起来。

第2章
团队组建,LP和GP,好合作带来大利润

　　LP(Limited Partner)是有限合伙人,指出资人。 GP(General Partner)是普通合伙人,指投资公司内部管理人士。 私募股权投资能否盈利,或者说能否获得超额回报,与LP、GP之间的合作是否顺畅息息相关。

2.1　PE 团队中的 LP 和 GP

私募股权基金在国内最主要的组织形式就是有限合伙企业。有限合伙企业是合伙企业的一种，这种企业是由 50 人以内的合伙人组成。有些合伙人虽然有钱，但是没有管理经验也没有时间参与，这类合伙人就是投资人，英文称"Limited Partner"，简称 LP。而有的合伙人投资经验丰富，管理能力非常强，时间也充裕，但是没有充足的投资资金，这类合伙人就是管理人，英文称"General Partner"，简称 GP。

作为有限合伙人的 LP，出资不参与管理，以所出的资金金额为限，对合伙企业债务承担有限责任。而普通合伙人 GP 的主要义务是管理，承担有限合伙企业债务的无限责任。可以说，这就是资本家和知本家的结合。

在国外成熟的股权投资市场上，LP 和 GP 之间权责分明，边界清晰。很多 LP 是有养老金或者保险基金，对于他们来说，需要考虑的只是投资，至于管理和投资运作，是 GP 的事情，对于 LP 来说，只要在约定的时间内获得回报就可以。而对于 GP 来说，他们负责的是将 LP 的资金进行投资管理，为 LP 获得 N 倍的价值回报，自己也可以从中获得管理费和一定的奖励,以及利益的分享。

但目前国内股权交易并不成熟,LP股权投资的概念并没有那么清晰,喜欢"快进快出"的短线;出于对自己资产的不放心,他们很难做到静心等待8~10年的超长投资期,因而习惯于插手投资事务。

基于这种先天不足的状况,国内LP和GP之间关系复杂,不够成熟,经常能听到LP抱怨"GP不靠谱,投资失利",以及GP抱怨"LP管得太多,外行人指导内行人"。随着LP群体的飞速成长,经济却陷入低潮期,LP和GP之间的矛盾愈发明显,关系也越来越紧张。LP希望能听到GP对投资的独到见解,GP则希望能得到LP足够的资金和充分的信任。

事实上,针对这样的现状,需要LP和GP随时反省,经常复盘考虑,并且互相信任,互相尊重,充分整合资源并在此基础上发挥各自的特长,建立健康的合作关系。

要成为合格的LP和GP,是需要不断调整和进步的。彼此要知道自己的权利和义务,确定好各自的行为界限和准则,清楚各自的角色,做好自己的本职工作。最终,在此基础上形成群体意识,才能在行业中寻找到更好的项目和合作。

2.2 GP 的三种类型

根据我国 GP 的投资风格和出身背景,可以分为以下三种,如图 2-1 所示。

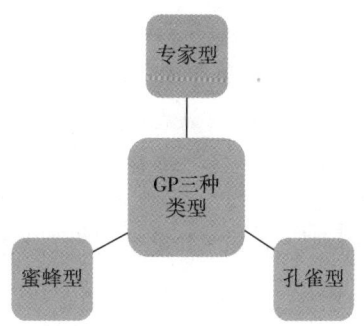

图 2-1 GP 的三种类型

2.2.1 专家型

所谓专家型 GP,指的是有专业投资管理能力,能够对投资进行布局掌控,对投资的逻辑和投后的管理,以及退出都有规划的专业投资机构。这类机构具有良好的口碑，不俗的成绩，拿着LP的资金进行投资的时候也会非常谨慎，时刻以为LP赚取更多的回报为己任。

这类GP是LP梦寐以求的，也是GP中最受LP欢迎的类型。他们通常分布在成熟老牌、具有雄厚实力的投资机构。LP竞相出资，但往往很多都得不到出资机会。

2.2.2 蜜蜂型

蜜蜂型GP，顾名思义是非常忙碌的。他们秉承的投资战略是靠数量取胜。为此，他们白天约见创业者，晚上继续聊项目，一周工作7天，一年四季都在忙碌。

在我国上万家的投资机构中，这类型的GP所占的比例是最大的。有的基金公司甚至号称一年考察了数万个项目。他们投资的时候，也是采取分散投资，力图将风险降到最低，往往投资几十个或者上百个，希望能借此不错过独角兽。

然而，砸中独角兽企业的概率是比较小的，但是这类的GP却是辛苦不堪，精力分散太多，对项目的考察和思考也就不够深入，最终导致项目投资后，投后管理和退出都成问题，这也令LP非常焦虑。

不过这种状况是每个刚入行的GP都会经历的阶段。他们勤奋而忙碌，做了很多看似无用功的努力，但最终这种付出会转化为自己的行业经历，慢慢培养出独到的行业眼光。市场复盘的GP会从中反思到自己的功与过，修正投资误区，最终提升投资能力，获得事半功倍的效果。

2.2.3 孔雀型

孔雀型GP，声名在外看起来非常光鲜，对LP也有极大的吸引力。但当LP好不容易挤进孔雀型GP的投资份额，本以为可以高枕无忧，静等赚得盆满钵满的时刻，才发现原来现实并不是这样的：此项目的收益还不如去买理财产品。

为什么会出现这样的状况呢？一般来说，有以下两个原因：

（1）在前期，GP确实做出了一定的成绩，于是基金公司的行情一路看好，LP拼命砸钱，导致GP冲昏了头脑，将基金规模越做越大，但是却突破了基金公司实际管理能力的上限。当GP发现这一点的时候，手中的资金已经成了烫手山芋。最终，他们为了把LP的钱投资出去，逐渐降低对项目的要求，同时加快了投资节奏，为了投资而投资，最终使得收益大打折扣。

（2）GP在获得大量的LP的投资资金后，管理费用自然也十分充裕，以致于他们不思进取，为LP赚取利益的动力变弱，最终导致基金的业绩下跌。

对于孔雀型GP来说，虽然公司的名声听起来很好，但是中看不中用。为防止这样的状况出现，就需要基金公司时时刻刻把为LP盈利的目的放在心上，同时要经常复盘，戒骄戒躁。而对于LP来说，在选择GP的时候，要谨慎细致，更要注重GP的品格。

2.3　LP的六种类型

随着双创事业大发展,中国已经进入"无股权不富有"的时代了。目前我国LP机构已经增至2万家左右。庞大的LP群体大致可以分为以下几种,如图2-2所示。

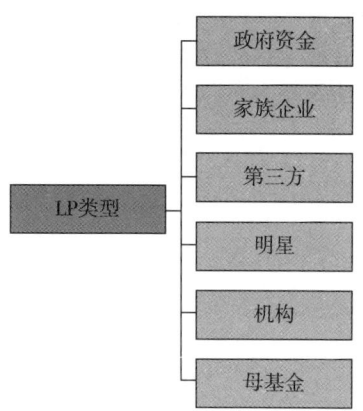

图2-2　LP的类型

2.3.1 政府资金

作为国有资产代言人的政府资产踊跃参与到地方政府引导的基金中,这已经成为风险投资的一个重要募集资金的来源,也是各大 GP 想要抓住的 LP 的类型。

2.3.2 家族企业

随着中国经济的不断发展,越来越多的企业家开始重视资产配置,甚至还有一些行业巨头设立家族办公室,成立母基金,发展出家族派的 LP 力量。例如哇哈哈创始人宗庆后、新希望集团董事长刘永好等。

2.3.3 第三方

国内的风投圈有很多散户 LP,很多第三方募集也是中国风投资金的一个主流模式。例如格上理财、宜信等。

2.3.4 明星

明星的收入非常高,通常拥有大量资金,但是大多数明星缺乏专业的理财能力,也没有太多的时间来管理资金,因此很多明星会寻求基金的帮助,同时也可以借助自身的名气为基金代言。近年来,陈坤、杨幂和鹿晗等纷纷进入风投圈,掀起了明星跨行投资的热潮。

2.3.5 机构

保险资金、社保资金等机构是非常优质的 LP,也是 GP 所梦寐以求的投资方,但是要获得这类 LP 的青睐,首先需要 GP 有过硬的成绩。

2.3.6 母基金

最近几年，母基金大规模爆发，在风投市场上日渐活跃起来，受到 GP 的青睐和欢迎，是 LP 中的新秀。

2.4　LP 如何选择适合的 GP

目前我国的 LP 群体基本上集中在政府引导基金、上市公司和保险资金、高净值人群、社保资金以及家族企业等。虽然做长线的社保基金和家族信托等还属于比较新的项目,但是对正处于成长期的 LP 来说,如何选择一个适合自己的 GP,还是一个需要重视的问题。

根据在实际操作中总结下来的经验,LP 要选择适合自己的 GP,首先要明确自己的风险偏好基础,然后了解和识别基金公司的管理团队,在此基础上从投资团队、投资策略、投资流程、投资业绩以及投资条款等方面做进一步地考察,最终评估考察 GP 是否满足自身的要求。

不过 LP 要取得 GP 的上述资料,最好的方式是委托专业中介来进行系统调查,调查的范围可以从下面的几点内容展开:

(1) GP 的股东背景,和 LP 的利益是否一致。

(2) GP 团队是否稳定,人员流动性情况,以及过往的投资业绩、管理团队的利益分配等。

(3) GP 团队的投资策略和风格,在其专注的行业内是否有竞争优势。

（4）GP团队的治理结构以及在筛选项目和投资决策的执行上是否严谨；GP是否具有投后管理的能力。

（5）GP现有的项目在退出时的表现、长期的历史回报和已经退出的项目业绩，以及GP是否具有掌握市场动态和对经济周期风险的控制能力。

（6）GP在过往的投资上合规和合法的表现。

（7）GP和LP合作的投资条款是否符合行业的管理；是否有更多的优惠条件；在市场和基金交易的管理信息上，是否可以按照规定进行及时披露。

总的来说，LP在寻找到适合自己的GP进行资产配置和运营管理后，将会给双方后续的合作带来共创的双赢结果。

2.5 GP募资成功的要点

随着国内LP日渐成熟，GP在募集资金的时候，也要从多方面进行考虑，确保股权投资基金的成功发行。一般来说，GP募集的时候要从以下几点进行：

2.5.1 根据自身条件，确定基金模式

初始募集资金的时候，应该抱着成功为第一，规模为第二的心态。同时要确定基金的投资路线和运营模式，尤其是运营模式并不一定是奔着IPO，而是可以转换思路，接盘那些不能出资二期资金而转让基金份额的投资。

基金模式的确定需要考虑到团队的能力，包括资源整合的能力和LP的投资方向等。

2.5.2 深入调研拟投资的项目

LP对于GP拟投资的项目是非常关注的，一般LP会关心项目本身如

何以及 GP 是否已经签订投资意向书。虽然在投资方面 GP 比 LP 更加专业，但是 LP 作为成功的实干家，有着独到的眼光，往往对 GP 有很大帮助。

当 GP 确定了投资项目，而 LP 的反应又是比较淡漠的时候，GP 就要开始考虑对项目进行调整。所以 GP 在募集的时候，项目要有可选性会比较好。

当然，如果 GP 强势，根本不需要 LP 有任何的想法和意见，那也是一种募集的方式，前提是 GP 要有可以吸引住 LP 的优势。

2.5.3 保障 LP 的权益

对于 LP 来说，设立投资决策委员会，明确基金管理公司的权、责、利，最好能设置一个咨询委员会，这都是对自身权益的保障。例如，对于 GP 提取的管理费，其中包括了哪些费用，是否包括尽职调查中的会计师、律师费用等，都要有明确的说明。毕竟 LP 不欢迎一次又一次临时增加的支出。因此 GP 在募集的时候，需要给 LP 一个明确的费用支出范围。同时将 LP 分为不同等级的投资者，既欢迎他们加入，同时发挥其所长，又适当控制其对基金的影响。

2.5.4 拓宽融资渠道，确保募集成功

在募集之初就要有一个可以奠定基石的投资人，确保即使没有后续 LP 的跟进，基金也能保证基本规模。在有条件的情况下，引进政府基金，这能充分提升基金的可信度，有利于募集。另外，GP 也要多利用第三方渠道来进行募集。

2.5.5 定好基金发行的时间点

国内发行基金不能完全照搬国外基金发行的时间点。有些国外的基金

发行时间会超过一年。而国内基金募集时间过长容易产生各种变数，因此最适合的时间期限是6个月。在这段时间里，GP要做好各种活动和会议的安排，包括投资人见面会、合伙人会议等。只有考虑周全了，才能有成功的胜算。

2.5.6 重视团队作用

LP在选择GP的时候，最关心的是GP团队的信用，以及过往成绩和拟投资项目的情况、GP团队风险管控的环节。

基金投资项目的流程往往是需要一个团队齐心协力才能完成做好。作为出资1%的GP，要想获得收益的20%，必须具有真材实料，这也是LP所看重的。所以GP团队需要重视团队的协作能力，群策群力才能把LP投资利益最大化。

2.5.7 准备好基金发行所需要的各种文件

将要准备发行基金的所有材料都准备好，发行文件全面规范是基金发行成功的基本条件。需要准备的材料包括基金认购意向书、合伙人协议、招募说明书（包括项目资料）、基金与GP的委托管理协议、基金与托管银行的协议以及GP内部风险控制等文件。

在这个过程中，律师的参与也是很重要的，能够根据基金特有的情况，制定符合基金本身的GP和LP相应的权责文件。

2.5.8 帮助LP理清财产现状，确定投资金额

GP募集资金的时候，还需要对LP的资产做好配置和规划。例如有的LP有1000万元可支配的投资额度，那么与其一次性投资800万元，不如先投资400万元，避免造成二期投资时资金的困难。

GP 为 LP 做好资产规划，也是出于自身考虑。GP 需要的是成熟的投资人，而不是孤注一掷的出资者。

2.5.9　规范基金管理模式，提高基金运作透明度

要想获得 LP 的长久投资，GP 就要规范基金的运作，如告知 LP 基金管理每年要做的事情，包括项目的前期沟通、调查、谈判，以及给 LP 出具基金管理公司的半年报告、年度报告，同时赋予 LP 特定权利。

通常 GP 管理的基金不会只有一期，所以 GP 管理要透明规范才能长久。

2.5.10　资金募集需要耐心和智慧

GP 在募集过程中，会遇到有些 LP 反复询问同一个问题，或者总是对某个问题纠缠不休。在这种情况下，GP 需要耐心仔细地分析 LP 的想法，找出他们疑虑的原因，有的放矢的解决问题。因此 GP 在募集过程中，耐心和智慧都是不可或缺的。

总体来说，GP 在募集过程中需要取得 LP 的信任，同时募集的工作也需要做好安排，只有一切都妥帖了，LP 才会放心大胆地把财富交付到 GP 的手中。

2.6 LP和GP的和气生财之道

从本质上来说，LP和GP的关系就是需求和供给的关系，LP出资GP募集资金。但是LP只负责出钱不负责管理，也不过多干涉GP的投资运作。

然而在中国，有一个很本土化的现象，就是许多GP将LP看成"老婆大人"（LP谐音"老婆"），并且患上了"妻管严"，不但让LP在投资过程中"垂帘听政"，更是处处被他们辖制。长此以往，GP功能衰退，丧失独立投资资格，导致投资能力和业绩回报不佳，最终导致LP的GP化倾向。

为避免这类状况发生，需要LP和GP不断提高自我，更加理性和成熟地处理好彼此的关系，最终实现更高更好的收益。

2.6.1 LP和GP的自我提升

对于LP来说，在提升自我方面必然是要注重如何令自己更加理性成熟。这需要在明确自身扮演角色的基础上，不断提高自我修养；同时还要充分提高自己选择GP以及和谐相处的能力。LP自我提升的要点如下：

（1）作为LP，保证资金的及时到位是天职。同时还要筛选和考察GP，确保GP的能力可以带动起资金的正常运转。

（2）在跟投时要做好限度的把控，平衡好收益率和经济率。在注重成本降低的基础上，给GP适度的压力，同时也要有足够的激励。

（3）在选择GP的时候需要谨慎，做好充分的调查工作，但最后要给予GP完全的信任，所谓"用人不疑，疑人不用"。作为出资方的LP，要有自己的投资策略，对于行业的选择和投资的形式，以及相处的模式在前期都要有详细的考虑。

对于GP来说，合格的GP要有责任心，有业绩，专注为LP创造利益。GP自我提升的要点如下：

（1）充分提高自身专业能力。尤其是在投资策略、管理特色等方面，是作为吸引LP的核心竞争力和回报率的所在。

（2）强化募集、管理和退出的能力。对于LP来说，最在乎的自然是退出时的回报。因此GP要以LP的回报为准则，提高自己的投资能力、管理能力和退出能力，充分做好业绩，令LP取得满意的回报。

（3）GP选择的项目投资布局要在行业中体现出竞争力，只要形成上下游的紧密结合的链条，才能更好、更快地发现具有爆发力的项目，创造巨大的回报。

2.6.2 关系调和三大原则

虽然我国的私募股权投资行业起步比较晚，很多相关的衍生领域保障不充分，但随着近年来私募股权投资在国内的快速发展，国家及有关部门也在一直努力及早完善相关法规和政策。

在20世纪90年代初，美国成立了私募股权基金有限合伙投资者的非正式网络组织"机构有限合伙协会"（ILPA），同时，保护私募股权投资者的组织也应运而生。为了促进LP和GP之间关系的调和，2009年9月IL-

PA 发布了《私募股权投资原则》(以下称为"《原则》")(第一版)。2011年,ILPA 最佳实践委员会(ILPA Best Practices Committee)又起草了《原则》(第二版)。除了延续第一版中的基本原则,新版本更注重对核心问题的关注,增强了有关原则的明确性和实用性。

《原则》在调和 LP 和 GP 之间的关系上,起到非常关键的作用,对于我国私募股权发展来说,具有很好的借鉴意义。

具体来说,LP 和 GP 之间的关系调和主要有以下三大原则,如图 2-3 所示。

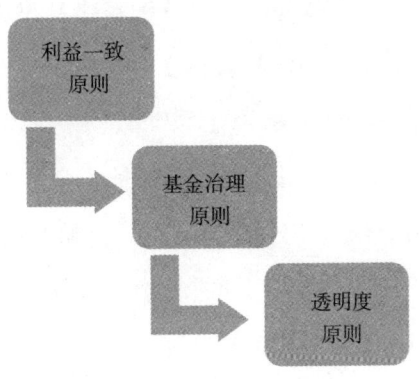

图 2-3 LP 和 GP 关系协调原则

1. 利益一致原则

所有 PE 根本矛盾的所在,是 LP 和 GP 之间的收益分配顺序。对于 LP 来说,他们希望的收益分配顺序如下:

(1) 返还 LP 本金。

(2) 返还 LP 支付给 GP 的管理费。

(3) 支付 LP 的优先受益。

(4) 支付 GP 的投资本金。

(5) 如果还有剩余,按照约定的比例支付 GP 的业绩提成。

这是完全从 LP 的角度出发的 PE 收益分配支付顺序。而对于 GP 来说，他们理想中的收益支付顺序如下：

（1）按照项目的退出进行分配（一般来说，GP 会同时投资 N 个项目，以降低风险）。

（2）按照单个项目投资和实现退出的金额计算收益，在扣除该单个项目投资本金后，剩余部分按照约定的比例进行分配。

（3）提取业绩提成。

这两种 LP 和 GP 的理想分配顺序，都是建立在对自身利益获得极度保障的基础上。但是现实中，这样的收益分配顺序是很难成立的。双方在博弈过程中，会根据实际情况和彼此的态度、坚持，最终协商出一个彼此都能接受的、兼顾各方利益的方案。

《原则》中提出，最好的基金回报模式是"全部出资加先支付优先收益"分配方式。在满足 GP "单个项目结算"分配方式的情况下，保证 GP 能获得超过约定水平的业绩提成。同时利用业绩收益提存账户和可靠的回拨机制，最终兼顾和保障 LP 的利益。

2. 基金治理原则

私募股权投资的时间比较长，一般最少是 3~5 年的时间。在这段时间内，基金是采用长期固定的治理结构。GP 有独立的投资决策权，LP 在充分信任 GP 的基础上，知晓投资策略和范围，并且接受治理结构。但是当投资出现突发状况时，如利益冲突或者投资团队、投资环境发生变化，LP 需要有灵活的机制来应对。

为此，《原则》提出了有限合伙人咨询委员会（LPAC）制度。不过 LPAC 并没有公司治理中董事会的地位，它的主要职责通常是下述事项的审查和批准：

（1）产生利益冲突的交易。例如，跨基金投资或关联方交易。

(2) 对投资组合公司的估值方法（有时直接批准估定的价值）。

(3) 有限合伙协议约定应当由 LPAC 同意或批准的其他事项。

在这个过程中，LPAC 是与 GP 就项目的运营保持紧密联系的。当然，LPAC 并不是 LP 的代理人或者代表，也不能取代 LP 的地位。

3. 透明度原则

在私募股权投资过程中，GP 是基金的实际控制人，掌握了基金日常运作的所有信息。而 LP 更多的是参与到项目退出后收益分配的流程中，对于基金在运行过程中产生的信息并不是很了解。针对这个现状，《原则》要求 GP 定期给 LP 提供与基金有关的信息。例如财务、风险管理、运营和交易信息等，保证 LP 能有效履行信义义务，同时根据建议修改的事项进行表决，而 LP 需要承担相应的保密义务。

2.6.3　LP 处理矛盾三大方式

LP 和 GP 是私募股权投资中的两大主体，两者之间的权利和义务构成了私募股权投资基金日常运作的主要内容。在 3~5 年甚至更长的投资时间内，LP 和 GP 之间的矛盾或者纠纷如何化解，是 LP 必须要知道的重要知识。

《中华人民共和国合伙企业法》第一百零三条规定了合伙人之间的纠纷处理问题。该条款指出："合伙人违反合伙协议的，应当依法承担违约责任。合伙人履行合伙协议发生争议的，合伙人可以通过协商或者调解解决。不愿通过协商、调解解决或者协商、调解不成的，可以按照合伙协议约定的仲裁条款或者事后达成的书面仲裁协议，向仲裁机构申请仲裁。合伙协议中未订立仲裁条款，事后又没有达成书面仲裁协议的，可以向人民法院起诉。"

此外，该法还规定了其他有关合伙人违法行为的处理方式：

第九十六条：合伙人执行合伙事务，或者合伙企业从业人员利用职务上的便利，将应当归合伙企业的利益据为己有的，或者采取其他手段侵占合伙企业财产的,应当将该利益和财产退还合伙企业;给合伙企业或者其他合伙人造成损失的,依法承担赔偿责任。

第九十七条:合伙人对本法规定或者合伙协议约定必须经全体合伙人一致同意始得执行的事务擅自处理,给合伙企业或者其他合伙人造成损失的,依法承担赔偿责任。

第九十八条:不具有事务执行权的合伙人擅自执行合伙事务,给合伙企业或者其他合伙人造成损失的,依法承担赔偿责任。

第九十九条:合伙人违反本法规定或者合伙协议的约定,从事与本合伙企业相竞争的业务或者与本合伙企业进行交易的,该收益归合伙企业所有;给合伙企业或者其他合伙人造成损失的,依法承担赔偿责任。

第一百零五条:违反本法规定、构成犯罪的,依法追究刑事责任。

第一百零六条:违反本法规定,应当承担民事赔偿责任和缴纳罚款、罚金,其财产不足以同时支付的,先承担民事赔偿责任。

除了我国《中华人民共和国合伙企业法》关于合伙人违法行为应该承担法律责任的具体规定之外,在实际的日常运营中,LP还应该注意以下几点,如图2-4所示。

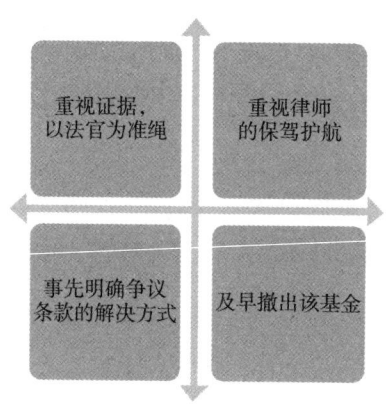

图2-4 LP处理与GP之间矛盾需要注意的问题

1. 重视证据，以法官为准绳

所谓重视证据，指的是当 LP 和 GP 在发生了不可调和的矛盾时，LP 需要重视证据的搜集，因为在司法实践中是没有所谓的事实"真相"，一切都是要用证据来说话的。所以如果要证明一个客观事实的存在，就需要充分有效的证据，对这个事情进行支撑和证明。

而以"法官为准绳"，指的是由于每个法官对法律的主观理解可能有一定的偏差，同时法律又存在复杂性和可解释性，因此 LP 需要以受理案件的法官对特定法律的理解为准绳。

2. 重视律师的保驾护航

在发生矛盾和解决矛盾的过程中，很多 LP 都是在与 GP 多次沟通无效之后，才想到寻找律师通过法律来解决。

究其原因不外乎两点：一是 LP 不愿意将矛盾激化，总是想着大事化小，小事化无，担心一旦律师介入会引起 GP 反感，最终导致事态不可控；二是因为 LP 不愿意额外多支付一笔律师费用。

然而往往事与愿违，由于缺乏专业律师的指导，LP 和 GP 之间的矛盾一般已经不可调和了，无法达成一致，以至于浪费了大量时间和精力。由于 LP 不具备专业的知识和谈判技巧，反而丢失了原本可以获得法律保护的权利，自己却还以为遵守了法律的底线，同时还让搜集证据的大好机会白白溜走。

诸如这些因素，当 LP 和 GP 之间的关系还处于相对缓和的状态时，如果此时有律师的介入，LP 和 GP 前期的谈判是可以搜集到一定证据的。但是当两者之间关系变得僵硬，甚至回天乏力的局面下，LP 再想搜集证据，就相对比较困难。所以如果 LP 和 GP 之间出现纠纷，那么 LP 应该及早让律师介入，从一开始就听取律师的专业意见，防止自己在解决和 GP 的矛盾中走弯路甚至错路。

至于律师费的支出，这并不是一笔应该节省的费用，而是LP为了保护自己权利必须花费的成本，同时相比LP和GP在纠纷中很可能会损失的金钱，这其实只是一笔数目很小的费用。而如果是担心律师介入会僵化和GP之间的谈判，那么完全可以让律师处于幕后状态，指点LP在谈判中应该注意的要点，并且帮助解决难点，争取到最大的权益。

3. 事先明确争议条款的解决方式

约束和规范LP与GP权利义务关系的核心是法律文件。而在我国，主要是有限合伙制的协议。

在LP和GP合作之初，就应该在协议中加入争议解决条款，为双方当事人就出现争议问题时应该怎么解决做出详细且明确的规定。

不过在我国目前私募股权投资的实践中，LP和GP在合作之初很少会直接面对这方面的内容，尤其是负责起草协议的GP不愿意谈及这方面内容，担心如果讲得过分透彻会影响到后面的合作。但是，对于LP来说，这种回避问题的方式显然是不利己的。尤其是真的出现纠纷时，导致了自己的利益受损失是非常得不偿失的。

一般来说，正式的争议解决条款有三个方面：第一是确定解决争议的手段；第二是确定解决争议的地点；第三是确定解决争议的法律。

其中"确定解决争议的手段"多数是指当事人会选择法律诉讼还是仲裁方式解决，虽然从理论上说，选择仲裁方式会更具有隐蔽性、友好性和快捷性，但是到了实际执行的时候，还是法律诉讼更为直接有效。

而"确定解决争议的地点"指的是当事人解决争议的所在地，是国内的某个城市或者是某个国家的某个城市。不过有些国家对于解决争议的地点是有一定的限制，并不能随心所欲地指定，因而在设定这个条款的时候，还是要咨询专业律师的意见。

"确定解决争议的法律"则是说，LP和GP之间的争议可以由哪个国家哪条法律予以解决，不过这种情况多数是出现在涉外争议的解决过程中，需要当事人在该国寻找出适合自己的，适合该案件的法律条款解决。当然在某些特定的国家法律下，当事人对法律的选择也不是完全自由，需要遵守当地相关的法律规定。

4. 及早撤出该基金

在私募股权投资的过程中，LP 和 GP 之间矛盾的产生基本上是处于利益和诚信问题。如果说是因为利益问题，那么 LP 和 GP 还是可以坐下来好好谈谈的，彼此分析一下问题出现的原因，努力寻找出一个解决的好方式。但如果是因为 GP 的诚信问题，那么基本上这就是个无法解决的问题了。

因为 GP 是作为基金的管理者，诚信是维持基金有效运作的连接器，一旦这个方面出现问题，就等于基金已经无法正常运作，那么 LP 深陷其中就必然是权益被侵犯的结果。所以说，一旦 GP 的诚信出现问题，那么 LP 需要尽快考虑退出基金，同时也要注意退出的时候最大限度地维护自己的利益。

一般来说，LP 在中途退出私募股权投资基金的时候，主要是通过私募股权二级市场对所持有的基金份额进行交易，从而完成在转让基金份额的时候就实现套现退出。

要获得成功退出，LP 要在协议拟定之初就给自己留下余地，写清楚股权退出的条件，同时设计好股权的调整退出机制。

2.7 PE团队合伙过程关键点

在私募股权投资基金中，GP扮演的是寻找投资项目、锁定投资时机、管理和服务被投资企业，最终设计退出方案的角色；LP扮演的是出资、对投资事务有表决权和建议权、对投资项目的经营管理现状有知情权，并且有利益分配权利的角色。

双方在合作中，主要的法律文书是有限合伙协议（Limited Partnership Agreement，LPA），其中的大部分条款直接规定了LP和GP合伙过程中的关键点。

2.7.1 GP出资比例

通常情况下，私募股权投资中GP会出资在1%～2%之间，LP出资比例为98%～99%之间。GP的出资是为了保证GP和LP利益一致性。之所以有这样的约束机制，主要原因如下：

（1）GP出资可以证明自身的资金实力、偿债能力以及成立基金的诚意。根据《中华人民共和国合伙企业法》第一章第二条规定"有限合伙企业由普通合伙人（GP）和有限合伙人（LP）组成，普通合伙人对合伙企业债务承担无限连带责任"，通过出资可以使 GP 利益与责任紧密结合。

（2）私募股权投资具有一定的风险性，GP 入资后，一旦投资失败，LP 的资金无法回收或者遭到损失，GP 的资金也同样受到损失。

根据以往的调查数据显示：GP 出资在 1%~2% 之间的占比 71.7%，出资小于 1% 的占比 10.9%，出资大于 2% 的占比 17.4%。

对于 LP 来说，GP 出资额度越高，证明 GP 对基金的运行就越有信心，承担风险的能力也就越强。

2.7.2　GP 管理费解读

基金管理费指的是在基金的续存期内，LP 要支付给 GP 管理基金的费用，这笔资金通常是认缴出资额的 2%，并且每年收取。也有的是按照 LP 实际到位的资金额度或者具体投资的金额来进行计算。如果说投资的金额比较小，如有些 VC 投资，那么管理费的收取多数是使用承诺投资金额，不然管理费太少会无法维持基金的正常开支。

另外，2% 的管理费在实际操作中，也会有 0.5% 的上下浮动，这种情况多数是出现在直投型的 VC、PE 机构中。

GP 所在基金投资中投入资金的份额通常会以出资额为基数相应扣除，不过也有单独支付管理费的，只是这类情况比较少。

以下几种关于管理费基数的规定方式是比较常见的：

（1）管理人每年固定收取有限合伙企业实际总缴资金的 2% 作为管理费。

（2）在前三年的委托期内，管理人收取的管理费为委托总金额的 2.5%，从第四年开始管理费下降为 2%，后三年的管理费为委托资金总额的 1.5%。

(3) 管理费用计提标准为 2.5%，初始费用计提标准等于认缴出资额；直到有项目退出后，费用的计提标准调整为：初始费用计提标准减去退出项目的对应初始投资额。

(4) 投资期内，有限合伙企业按照其总认缴的出资额的 2.5% 每年支付管理费用，投资期后按照有限合伙持有项目的取得成本总额的 2.5% 每年支付管理费，但是最低不低于 1000 万元。

2.7.3　LP 和 GP 的收益分配

LP 和 GP 之间的收益分配模式并不是一成不变的。目前占主流的是以下三种模式，如图 2-5 所示。

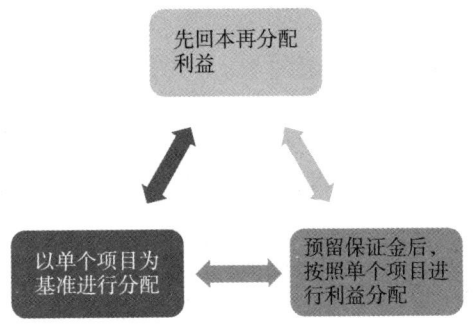

图 2-5　LP 和 GP 的收益分配模式

1. 先回本再分配利益

私募股权投资的项目并不是每个都能盈利的，如果盈利的项目按照"二八"分成分配利益，那么亏损的项目对于 LP 来说就有可能连本金都收不回来。为防止出现这样的状况，很多基金都是采用在确定资本投资的本金都回收以后，有了确实的盈利再给 GP 进行分红。这种分配模式叫作"先回本再分配利益"。

这种分配模式更倾向于保护 LP 的利益，GP 的收益自然也推迟了很多。

例如某一份有限合伙协议就利润分配约定如下，"在经营期限内应先回收本金，即普通合伙人在基金全部回收实际出资额（本金）之后方可提取管理绩效分成。当基金实际取得的现金收入超过基金实际出资额（本金）后，普通合伙人有权按照下列计算方式参与分配投资项目增值部分纯利作为其业绩奖励：期内业绩奖励 = 基金纯利 × 20%；基金纯利 = 基金现金收入 − 基金实缴出资额。

2. 预留保证金后，按照单个项目进行利益分配

这种分配模式具体是说，当某个项目进行利益分配的时候，GP 首先将在这个项目中取得的管理分红的部分，预留在股权基金中作为保证金，如果其他项目产生亏损，那这笔保证金就进行回拨。这种分配方式在股权基金中是很常见的，一般预留的金额占管理分红的 40%~50%。

例如，某有限合伙协议约定，"当某个投资项目实现退出，且该项目收入超过项目成本 ×（1 + 8% × 该项目的投资年数）时，即对超出部分的 20% 计提为对普通合伙人的业绩奖励，其中 50% 部分可以予以实际分配，另外 50% 作为风险准备金留存于本企业并专户管理，在合伙企业存续期满时用于业绩奖励清算的差额补偿。"

3. 以单个项目为基准进行分配

这种分配方式是按照单个项目的成本和管理费用，以及之前亏损项目确认的本金亏损部分进行核算的。

例如，某份有限合伙协议中就曾约定，"对于基金可分配资金中的项目投资收入，应扣除基金已退出项目的投资本金中按出资比例计算由该有限合伙人承担的份额；此前普通合伙人已经确认的基金持有的亏损项目投资本金损失中按出资比例计算由该有限合伙人承担的份额；该有限合伙人实际出资额中分摊到该项目的管理费用。然后 20% 分配给普通合伙人，

80%在有限合伙人之间按实际出资比例分配。"

2.7.4 关键人条款设计

关键人条款(Key Man Clause),中国基金业协会对其的定义是,当指定的 GP 团队核心管理人员因故离开基金时,基金需要暂停投资或者解散并且清算。而 ILPA 对其的定义是,如果特定数量的关键高管停止投入时间在基金中,包括停止投入时间在由其他基金经理管理的基金上的情形,则在基金投资期内,在新的关键人士被任命前,该基金的基金经理禁止进行任何新投资(包括自动停止或投资者决定停止)。

不过,在实际操作中,基金经理通常是会等到基金的整个周期结束后才会离开。如果是在基金运行期间退出,则会对基金的运作产生很大的影响。

LP 决定是否投资,与 GP 团队的组成是有很大的影响。因为投资者投资基金,一定程度上也是"投人"。关键人离开团队,对于 LP 来说,容易造成信心下跌,也在一定程度上影响了基金的管理运作。因而关键人条款是私募股权投资基金有限合伙协议的必备条款。

对于关键人条款的认识,一般可以从以下三点入手,如图 2-6 所示。

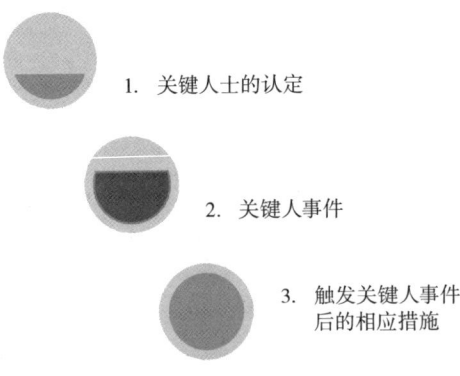

图 2-6 关键人条款的认识

1. 关键人士的认定

对于基金的关键人,一般是认为在基金从募集到退出整个流程中都能发挥关键性作用的团队核心成员。一般是指经验丰富、有资质的基金经理。不过,在获得基金投资者或者咨询委员会同意的情况下,也可以将其他人作为关键人写入合伙协议中。

关键人士可以是一个人,也可以是多个人,主要是根据基金的规模来决定。如果协议中认定了多个关键人,那么即使有其中一人离职,也不一定会对协议产生影响。

例如,某个协议中指定基金中的 6 人为关键人士,并且约定如果团队里少了 3 个基金关键人士,就要触发关键人事件。在这种情况下,如果触发前引入 2 名关键人士,那么即使离开了 3 个人,也不会触发关键人事件。

2. 关键人事件

关键人事件,指的是合伙协议中约定的,当关键人物离职或者产生其他意外,导致合伙者行使其在合伙协议中的一项或者多项权益。通常是说,包括离职、被解雇或者必要的关键人没有向基金投入足够的时间等。

对于离职事件,通常是关键人离职,即使是该条款可以降低 LP 受到关键人离职时的潜在不良影响,但 LP 也要注意,团队中其他人离职,势必会对基金运营产生影响。因此关于"离职",在协议中也应该分为两种结构进行约定:

(1) 特定数量的指定关键人离职。

(2) 相当一部分的初级投资人员离开基金公司。

对于这两点的约定是否直接触发 LP 行使约定的权利等,是需要进行全面考虑的。

3. 触发关键人事件后的相应措施

对于这样的事件,LP 一般会采取以下几种方式应对,如图 2-7 所示。

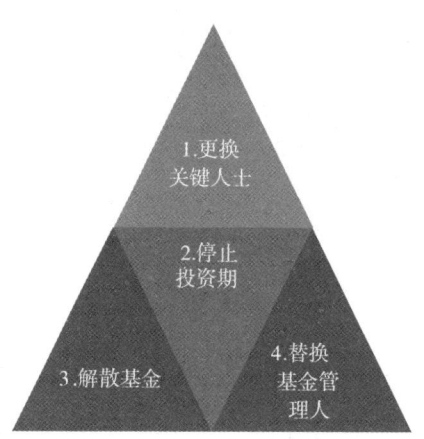

图 2-7 触发关键人事件后的相应措施

（1）更换关键人士。

在关键人条款中可以约定，当关键人士离开基金后，需要向投资者推荐新的管理人员，但必须要经过一定比例的 LP 认可；新上任的投资人士需要是专业人士，熟悉基金运作，具有丰富的管理知识。

（2）停止投资期。

如果在触发关键人事件后，并未找到可替代之前的关键人，基金就会自动暂停投资。LP 有权要求中止向基金进行出资承诺和后续投资。

投资期暂停一般分为两种：一种是 90~120 天的有期限暂停，如果 LP 在该时间内并未恢复投资期，一旦时间到，基金自动恢复投资期；另一种是不设定暂停期限，这也是常见的投资期暂停，指的是如果投资者没有恢复投资期，那么基金永久暂停。

（3）解散基金。

协议中也可以约定，一旦触发关键人事件，基金将解散并遭到清算。这种状况一般是发生在规模较小的基金。通常规模较小的基金 GP 人数不多，一般也就 1~2 人。因此对于 LP 来说，他们出资是在看好项目的基础上，更是看好 GP 的能力。所以关键人士的退出，就相当于基金的终结。

对于规模较大的基金公司来说，任何一个人都不会单独成为整个基金公司或者基金运营的关键人物，所以风险上也能得到控制，不容易导致基金的终结。

解散基金和停止投资期的区别之一在于：由于基金在拟进行清算，因此基金现有投资期会比原定计划的持有期减少。

（4）替换基金管理人。

这是一种非常极端的措施。对于基金管理人来说，会面临离开基金，失去对基金控制的结果，同时还会被要求放弃部分甚至全部。而对于投资者而言，重新找到适合的基金经理则需要花费额外的时间和经济成本。

总体来说，关键人条款是私募股权基金中有限合伙人协议的必备条款之一，对于条款中的相应约定要经过全面考虑，以免产生不良影响。

第 3 章
完善结构，搭建赚钱的组织形式

有一位投资专家曾经说过，世界最难的两件事 PE 都在做：一是 GP 如何把钱从 LP 手中拿过来；二是 LP 要愿意把钱给 GP。破解这两大难题，需要 LP 和 GP 将彼此的责任和义务、权利和职责都约定清楚，这就需要一个科学合理的组织形式。

3.1 私募股权投资基金的资金募集

根据统计,2017年上半年中国私募股权投资共有600支PE基金募集完毕。其中已经披露的414支基金共募集到位3678.30亿元,单支基金募资规模是2016年同期平均募集规模(即4.63亿元)的1.9倍。

从整体来看,2017年上半年我国PE市场资本继2016年可投资本量高位基础上,小步上浮618.13亿元,达到1496.01亿元,PE机构投资节奏稳健。

纵观中国的整个资本市场,私募股权基金如今已经是风生水起,市场份额快速扩张,其高收益也获得更多人的关注。那么,私募股权基金资金募集的要点又是什么呢?

3.1.1 资金募集方式和渠道

对于私募股权来说,资金募集的成功与否对于基金是否能成立,运作是否正常是至关重要的。根据资金来源的不同,私募股权投资基金可以分为利用本身已有的资金直接投资和募集外部资金进行基金投资。

其中，募集外部资金进行基金投资的行为分为两种，第一种是所谓的自行募集，也就是募集外部资金进行基金投资，指的是发起人拟定资本募集说明书，寻找投资方的基金募集方式；第二种则是委托募集，是指基金发起人自行委托第三方机构，帮助自己寻找投资人或者用第三方的渠道进行融资，最终完成资金募集工作，同时基金要为此付出相应的"服务费"或者"通道费"。

至于私募股权投资资金募集的渠道，根据资金来源主要分为：财政资金、国有机构、非国有机构以及个人和外资资金。

需要指出的是，基金资金的来源并不单一，很有可能会是多方募集，而且还会通过基金结构设立不同风险偏好投资者关注的投资结构层次，例如优先、次级、劣后等，最终达到资金的募集。

以下为私募股权的四类不同资金渠道来源，如图3-1所示。

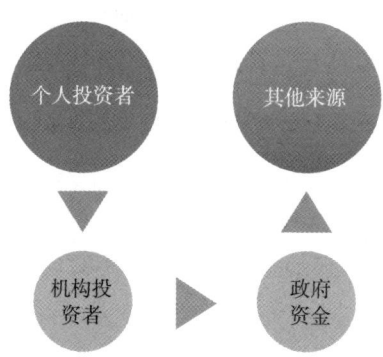

图3-1 私募股权不同资金渠道来源

1. 个人投资者

根据《股权投资企业资本招募说明书指引》规定，单个投资者对股权投资企业的最低出资额不低于1000万元；《创业投资企业管理暂行办法》要求，单个投资者对创业投资企业的投资不得低于100万元。

2. 机构投资者

机构投资者主要涵括国有机构、非国有机构和外资机构。具体来说，包括社保基金、保险公司、养老基金、证券公司和各大银行等。

3. 政府资金

2009年开始，中华人民共和国国家发展和改革委员会（简称：国家发改委）在全国范围内建立了20家创业投资基金，并提供专项资金予以支持；地方政府也安排了一定的专项资金，成立政府引导基金和投资公司。

4. 其他来源

随着私募股权投资的红火和逐渐规范化，LP的种类越来越丰富，不少大学基金也参与到PE投资中。

3.1.2 募集的程序

2016年12月，中国证券监督管理委员会（简称：中国证监会）公布了《证券期货投资者适当性管理办法》，此后中国证券投资基金业协会（简称：中基协）又公布了《基金募集机构投资者适当性管理实施指引》，两者都于2017年7月1日开始实行，适用于非公开募集的证券投资基金和股权投资基金（包括创业投资基金），同时都对基金的募集程序进行更规范的约束和指引。

以下为根据此前中基协发布的《私募投资基金募集行为管理办法》第十五条中规定，基金募集的程序，如图3-2所示。

1. 特定对象明确

根据《私募投资基金募集行为管理办法》（简称《私募办法》）第十八条：在向投资者推介私募基金之前，募集机构应当采取问卷调查等方式履行特定对象确定程序，对投资者风险识别能力和风险承担能力进行评

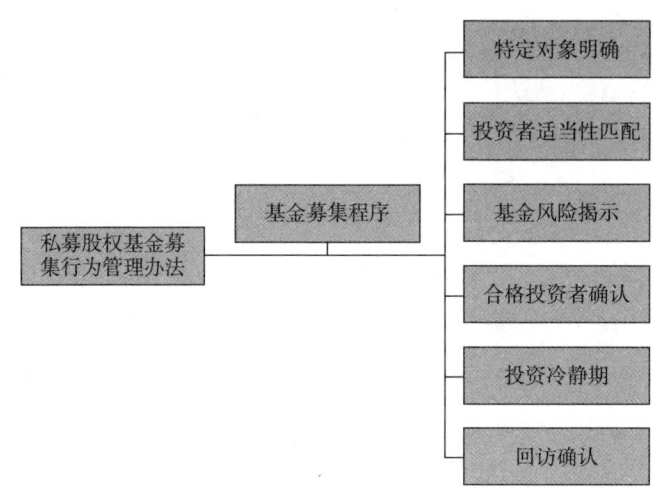

图 3-2 基金募集的程序

估。投资者应当以书面形式承诺其符合合格投资者标准。

投资者的评估结果有效期最长不得超过三年。募集机构逾期再次向投资者推介私募基金时，需重新进行投资者风险评估。同一私募基金产品的投资者持有期限超过三年的，无需再次进行投资者风险评估。

根据《私募投资基金募集行为管理办法》第二十条：募集机构通过互联网媒介在线向投资者推介私募基金之前，应当设置在线特定对象确定程序，投资者应承诺其符合合格投资者标准。在线特定对象确定程序包括但不限于：

(1) 投资者如实填报真实身份信息及联系方式。

(2) 募集机构应通过验证码等有效方式核实用户的注册信息。

(3) 投资者阅读并同意募集机构的网络服务协议。

(4) 投资者阅读并主动确认其自身符合《私募办法》第三章关于合格投资者的规定。

(5) 投资者在线填报风险识别能力和风险承担能力的问卷调查。

（6）募集机构根据问卷调查及其评估方法在线确认投资者的风险识别能力和风险承担能力。

2. 投资者适当性匹配

根据《基金募集机构投资者适当性管理实施指引》第十八条：投资者信息表及风险测评问卷：基金募集机构应当根据自然人投资者、机构投资者、金融机构理财产品的各自特点，向投资者提供具有针对性的投资者信息表。基金募集机构应当设计风险测评问卷，并对普通投资者进行风险测评。

根据《基金募集机构投资者适当性管理实施指引》第二十一条：了解投资者信息的操作程序：基金募集机构应当在为投资者开立账户时，以纸质或者电子文档的形式，向投资者提供信息表，要求其填写相关信息，并遵循以下程序：

（1）基金募集机构应当执行对投资者的身份认证程序，核查投资者的投资资格，切实履行反洗钱等法律义务。

（2）基金募集机构应当根据投资者的主体不同，提供相应的投资者信息表。

（3）基金募集机构应当核实自然人投资者本人或者代表金融机构及其产品的工作人员身份，并要求其如实填写投资者信息表。

（4）基金募集机构应当对投资者身份信息进行核实，并在核实工作结束之日起5个工作日内，将结果以及投资者类型告知投资者。

根据《基金募集机构投资者适当性管理实施指引》第三十七条：【了解途径】基金募集机构所使用的基金产品或者服务风险等级划分方法及其说明，应当以适当的方式向投资者公开，并应当向投资者提供风险等级划分名录。

根据《基金募集机构投资者适当性管理实施指引》第四十五条：【匹

配原则】基金募集机构应当根据普通投资者风险承受能力和基金产品或者服务的风险等级建立以下适当性匹配原则：

（1）C1 型（含最低风险承受能力类别）普通投资者可以购买 R1 级基金产品或者服务。

（2）C2 型普通投资者可以购买 R2 级及以下风险等级的基金产品或者服务。

（3）C3 型普通投资者可以购买 R3 级及以下风险等级的基金产品或者服务。

（4）C4 型普通投资者可以购买 R4 级及以下风险等级的基金产品或者服务。

（5）C5 型普通投资者可以购买所有风险等级的基金产品或者服务。

3. 基金风险揭示

根据私募基金风险《私募投资基金募集行为管理办法》第二十三条：募集机构应当采取合理方式向投资者披露私募基金信息，揭示投资风险，确保推介材料中的相关内容清晰、醒目。私募基金推介材料内容应与基金合同主要内容一致，不得有任何虚假记载、误导性陈述或者重大遗漏。如有不一致的，应当向投资者特别说明。私募基金推介材料内容包括但不限于：

（1）私募基金的名称和基金类型。

（2）私募基金管理人名称、私募基金管理人登记编码、基金管理团队等基本信息。

（3）中基协私募基金管理人以及私募基金公示信息（含相关诚信信息）。

（4）私募基金托管情况（如无，应以显著字体特别标注）、其他服务提供商（如律师事务所、会计师事务所、保管机构等），是否聘用投资顾问等。

（5）私募基金的外包情况。

（6）私募基金的投资范围、投资策略和投资限制概况。

（7）私募基金收益与风险的匹配情况。

（8）私募基金的风险揭示。

（9）私募基金募集结算资金专用账户及其监督机构信息。

（10）投资者承担的主要费用及费率，投资者的重要权利（如认购、赎回、转让等限制、时间和要求等）。

（11）私募基金承担的主要费用及费率。

（12）私募基金信息披露的内容、方式及频率。

（13）明确指出该文件不得转载或给第三方传阅。

（14）私募基金采取合伙企业、有限责任公司组织形式的，应当明确说明入伙（股）协议不能替代合伙协议或公司章程。说明根据《中华人民共和国合伙企业法》或《中华人民共和国公司法》，合伙协议、公司章程依法应当由全体合伙人、股东协商一致，以书面形式订立。申请设立合伙企业、公司或变更合伙人、股东的，应当向企业登记机关履行申请设立及变更登记手续。

（15）中基协规定的其他内容。

根据《基金募集机构投资者适当性管理实施指引》第十六条：【留痕】基金募集机构通过营业网点等现场方式执行普通投资者申请成为专业投资者，向普通投资者销售高风险产品或者服务，调整投资者分类、基金产品或者服务分级以及适当性匹配意见，向普通投资者销售基金产品或者服务前，对其进行风险提示的环节应当录音或者录像；通过互联网等非现场方式执行的，基金募集机构应当完善信息管理平台留痕功能，记录投资者确认信息。

4. 合格投资者确认

根据《私募投资基金募集行为管理办法》第二十七条：在完成私募基金风险揭示后，募集机构应当要求投资者提供必要的资产证明或收入证明文件。

募集机构应当合理谨慎地审查投资者是否符合私募基金合格投资者标准，依法履行反洗钱义务，并确保单只私募基金的投资者人数累计不得超过《中华人民共和国证券投资基金法》《中华人民共和国公司法》《中华人民共和国合伙企业法》等法律规定的特定数量。

5. 投资冷静期

根据《私募投资基金募集行为管理办法》第二十七条：各方应当在完成合格投资者确认程序后签署私募基金合同。

基金合同应当约定给投资者设置不少于24小时的投资冷静期，募集机构在投资冷静期内不得主动联系投资者。其中还应当约定以下两条内容：

（1）私募证券投资基金合同应当约定，投资冷静期自基金合同签署完毕且投资者交纳认购基金的款项后起算。

（2）私募股权投资基金、创业投资基金等其他私募基金合同关于投资冷静期的约定可以参照前款对私募证券投资基金的相关要求，也可以自行约定。

根据《私募投资基金募集行为管理办法》第三十一条：基金合同应当约定，投资者在募集机构回访确认成功前有权解除基金合同。出现前述情形时，募集机构应当按合同约定及时退还投资者的全部认购款项。

未经回访确认成功，投资者交纳的认购基金款项不得由募集账户划转到基金财产账户或托管资金账户，私募基金管理人不得投资运作投资者交纳的认购基金款项。

6. 回访确认

根据《私募投资基金募集行为管理办法》第三十条：募集机构应当在投资冷静期满后，指令本机构从事基金销售推介业务以外的人员以录音电话、电邮、信函等适当方式进行投资回访。回访过程不得出现诱导性陈述。募集机构在投资冷静期内进行的回访确认无效。

回访应当包括但不限于以下内容：

（1）确认受访人是否为投资者本人或机构。

（2）确认投资者是否为自己购买了该基金产品，投资者是否按照要求亲笔签名或盖章。

（3）确认投资者是否已经阅读并理解基金合同和风险揭示的内容。

（4）确认投资者的风险识别能力及风险承担能力是否与所投资的私募基金产品相匹配。

（5）确认投资者是否知悉投资者承担的主要费用及费率，投资者的重要权利、私募基金信息披露的内容、方式及频率。

（6）确认投资者是否知悉未来可能承担投资损失。

（7）确认投资者是否知悉投资冷静期的起算时间、期间以及享有的权利。

（8）确认投资者是否知悉纠纷解决安排。

3.1.3 资金募集过程中的注意事项

普通合伙人如何向有限合伙人进行有效的资金募集，彼此的权利和义务如何确定等一系列问题，都是私募股权投资基金在募集过程中会遇到的问题。总的来说，在 PE 募集过程中会遇到以下几个问题，如图 3-3 所示。

图 3-3 资金募集过程中的注意事项

1. 非法集资问题

非法集资在法律上的红线主要有两点：一是募集人数不能超过 200 人，公司制和合伙制不能超过 50 人；二是不能承诺固定收益。

2009 年，红鼎创投刘晓人因无力偿还民间集资而被迫自首，被判死刑。同年，上海汇乐创投黄浩因涉嫌非法集资而被判无期徒刑。虽然这两个案例都比较极端，但是却对创投界产生了极大的震慑力。

根据 2011 年 1 月 4 日起施行的《最高人民法院关于审理非法集资刑事案件具体应用法律若干问题的解释》中，对非法集资的构成要件做了明确规定：

（1）未经有关部门依法批准或者借用合法经营的形式吸收资金。

（2）通过媒体、推介会、传单、手机短信等途径向社会公开宣传。

（3）承诺在一定期限内以货币、实物、股权等方式还本付息或者给付回报。

（4）向社会公众即社会不特定对象吸收资金。同时，司法解释要求上述四个要件必须同时具备。

这四点规定要同时具备才构成非法集资。实际操作中，GP 在募集过程中避开非法集资并不是很难。尤其是第二条规定，是很多 GP 选择避免的。大多数 GP 认为，只要不通过媒体、推介会、传单和手机短信等方式向社会宣传，就可以避开非法集资红线。从形式上看，这确实是符合国家法律规定的，而且如果能从根本上提高 LP 的合格度，不超过法律规定的 200 人和公司制、合伙制的 50 人，基本就能规避非法集资的问题。

2. 管理费问题

在私募股权投资基金中 GP 向 LP 收取的费用，一般用在支付基金管理公司的日常开销上。例如，公司的注册费、办公租赁场所、人员工资和正常的公司运作费用支出等。这笔费用的收取对于维持基金公司的正常运转起着至关重要的作用。

其中，决定这笔费用计提比例主要是从以下几方面来考虑的：

（1）基金规模和种类。

（2）人员聘用的级别。

（3）办公室设置的地点和规模。

（4）基金存续期的时间长短。

（5）LP 和 GP 在协议中的约定。

一般来说，这笔费用是 LP 总出资金额的 2%。不过，也有在一开始的 1~2 年内，管理费是总出资金额的 2%，且以后会随着实际投资金额的 2% 计提管理费，或者是逐年降低至 1.5% 左右。

另外，在基金的运营中，管理费除了支付基金公司运营的正常开销外，GP 产生的聘请法律顾问、审计师、定期向 LP 汇报基金表现等一系列产生的费用，也是由 LP 承担。不过在实际操作中，有很多基金公司会将这些费用计算到投资成本中，等到最终收益分配的时候再进行相应扣除。

3. 投资回报分配问题

在投资回报上，LP 最关注的是投资回报的时间，以及回报的具体分配方式。目前，PE 业界使用最多的投资回报分配时间有以下两种：

(1) 在项目产生回报后，立刻进行分配。也就是说，在项目成功退出后，就对该项目的投资回报所得，按照协议约定直接进行分配。这种分配模式是对 GP 有利的，因为此时分配的时间点，GP 获得的总回报很可能大于协议中约定的总投资回报的 20%。

(2) 在 LP 收回投资成本后，剩余的资金进行分配投资回报给 GP。这种分配模式的时间点有利于 LP，因为在这种分配模式下，LP 会对优先回报有一定的要求。

事实上，如果最初的协议中约定是在项目产生回报后立刻进行分配，而 LP 又在别的项目中产生损失，那么当 GP 获得高于协议中约定的回报比例后，LP 就要求把这部分比例进行回拨，这时就启动了"利润回拨"机制。

通常利润回拨机制的流程是：

(1) 第一个项目成功退出后，GP 将其分配的投资回报 20% 进行回拨，账户是 LP 和 GP 共同管理的。

(2) 当第二个项目退出后，如果是盈利状态，那么 GP 原来存留的 20% 将直接划至 GP 名下；如果项目是亏损的，那么要将之前 GP 留存的 20% 用来弥补第二个项目的损失，但仍然是以留存的 20% 为上限。

目前比较流行的基金投资净资本利得在 GP 和 LP 之间按照二八分账模式。但是在实际操作中，LP 往往是会要求一定的优先回报。也就是说，在开始分配投资回报时，LP 要先拿回投资成本和一定的优先回报，这类的回报率一般是 6%～8%。

通常在 LP 提出优先回报后，GP 也会提出以下要求：

(1) 在 LP 取得优先回报后，剩余的投资回报里 GP 可以要求超过 20% 的比例，有时甚至可以达到 30%。

(2) 当 LP 取得 6%～8% 的优先回报后，GP 可以从剩余投资回报中取得 LP 领取的优先回报的 25%，然后双方再就余下的投资回报按照协议约定进行执行。

4. 利益冲突机制问题

在我国，PE 发展尚未成熟，优秀的 GP 非常少，因而很难要求优秀的 GP 只是去经营管理一支基金。但是，如果 GP 同时发起或者管理多支基金，或者是同时受到几个基金的委托管理几支基金，那又将如何保障之前委托 GP 管理的 LP 的利益呢？

通常来说，双方可以约定 GP 在另外发起设立基金或者是管理别家基金时，在对数量做出限制的基础上，还可以对基金的规模、地域、投资行业等方面区别开来，以及要求 GP 定期、如实披露不同基金的投资情况。

5. 安全港原则问题

该原则是出自于《中华人民共和国合伙企业法》第七十六条的规定：第三人有理由相信有限合伙人为普通合伙人并与其交易的，该有限合伙人对该笔交易承担与普通合伙人同样的责任。

有限合伙人未经授权以有限合伙企业名义与他人进行交易，给有限合伙企业或者其他合伙人造成损失的，应当由有限合伙人承担赔偿责任。

在我国，很多 LP 觉得自己出资就应该有话语权，但他们对基金的运营或者是企业管理等并不专业，GP 不得已会在基金内部的投资决策委员会中给 LP 设置一定的席位，但他们表决的时候往往会因为自己的不专业而导致投资决策委员会效率极低，甚至有些强势的 LP 会强令 GP 投资自己看好的项目。

在这种情况下，很多 GP 会用《中华人民共和国合伙企业法》第七十六条的规定来作为不承担投资失败责任的理由，但事实上真到了这一步时，也是彼此双输的局面。

那么如何既能避免这一状况发生，又能满足 LP 参与到投资决策委员会的意愿呢？

很多 GP 选择的做法是：首先，会通过出资额来对 LP 进入投资决策委员会的资格进行划分；其次，在投资决策委员会表决的时候，让 LP 有表决权，但是没有一票否决权。这样基本能保障投资决策委员会的正常运行。

3.2 PE 基金的组织关系

PE 投资目前已经是金融投资领域的热点项目,它的组织形式就是在私募股权投资人和私募股权基金管理人之间建立起的一种相互制衡的关系。现在国际上最流行的三种组织形式分别是公司型私募股权投资基金、契约型私募股权投资基金和有限合伙型私募股权投资基金。

3.2.1 公司型私募股权投资基金

公司型私募股权投资基金是按照《中华人民共和国公司法》设立的,投资者作为股东参加,享有股东权利,同时也根据自身出资额对基金债务承担连带的有限责任。基金管理公司是由董事会决定的,负责基金的投资管理。

公司型私募股权投资基金的架构,如图 3-4 所示。

公司型私募股权投资基金是具有独立法人资格的公司法人,能够以自己的名字独立拥有财产,同时也可以向银行申请贷款或者是为被投资的企业提供担保。股东是按照出资额度来承担投资损失,同时也有破产风险的

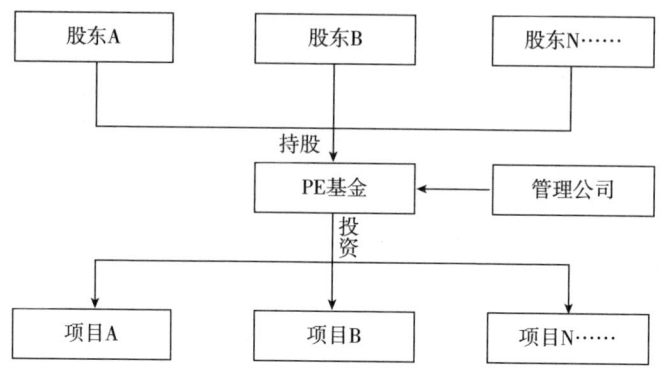

图 3-4 公司型私募股权投资基金架构

隔离机制。

公司型私募股权投资具有基金稳定性高、法律制度完善和组织结构完整的特点。而股权转让或者人员变动，不会给基金带来直接影响。

不过，由于公司型私募股权投资基金的最高权利是属于股东会的，因而持有公司股份就能参与公司运营，不利于基金管理人员正常独立的运营公司业务，不利于基金公司有效的投资策略。

另外，公司型私募股权投资基金是双重纳税制度：一种是公司需要交纳25%的企业所得税；一种是作为股东的基金份额持有人，在公司盈利上所取得的红利需要交纳20%的个人所得税。双重税赋下公司制私募股权投资企业运营成本增加，让投资人的利润空间缩小。

不过，创投基金会受到国家政策扶持，有一定的税收优惠。

3.2.2 公司型私募股权投资基金企业设立流程

在我国，负责企业设立管理的政府机构是国家工商总局及下属的省、市、区工商管理机构。根据我国《创投办法》和《PE通知》规定，申请设立私募股权投资基金企业以及股权和创业投资管理顾问企业，可直接到工商行政管理部门注册登记。公司型私募股权投资基金企业在设立的过程中，需要按照国家工商局制定的申请书格式提交申请；工商登记机构会根据拟设立企业的不同情况，做出当场准予设立登记、补正资料后受理登记申请，或者规定期限内准予设立登记等具体许可行为。

具体来说，设立流程包含的事项，如图3-5所示。

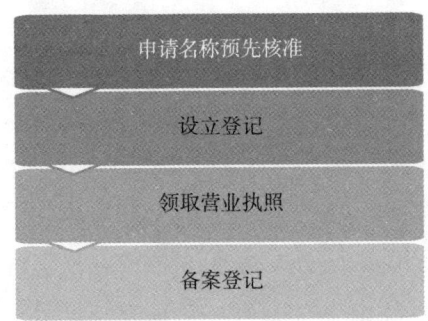

图3-5　公司型私募股权投资基金企业设立四大流程

1. 申请名称预先核准

按照我国现行的企业设立制度规定，企业拟用的名称需要符合《企业名称登记管理规定》《企业名称登记管理实施办法》规定，同时需要在企业向工商管理机构申请设立之前预先核准；而设立有限公司制的私募股权投资基金，应由公司的全体股东指定的代表或共同委托的代理人向公司登记机构申请名称预先核准，并且向公司登记机构提交相应的法律文件。公司名称经核准之后，工商登记机构会在规定工作日内出具《企业名称预先核准通知书》，并且将名称保留期为6个月。

按照《公司登记管理条例》的规定，申请名称预先核准时应当提交以下文件：

（1）有限责任公司的全体股东或股份有限公司的全体发起人签署的公司名称预先核准申请书。

（2）全体股东或者发起人指定的代表或共同委托代理人的证明。

（3）国家工商行政管理局规定要求提供的其他文件。

在具体名称的使用上，公司制的私募股权投资基金可以使用类似于"××××创业投资有限责任公司""××××创业投资股份有限公司"等名称；股权投资的企业可以使用"××××股权投资有限公司""××××股权投资股份有限公司""××××股权投资管理有限公司"，也可以用"××××股权投资基金股份有限公司""××××股权投资基金管理股份有限公司"等名字。

2. 设立登记

有限责任公司制私募股权投资基金企业和股份有限公司制私募股权投资基金企业的设立是不同的。前者是由全体股东指定的代表或者共同委托的代理人向公司登记机构申请设立登记，后者是由董事会向公司登记管理机关申请设立登记。

有限责任公司制私募股权投资基金的设立登记，代表或者代理人需要按照工商登记部门的规定，递交登记申请资料如下：

（1）公司法定代表人签署的设立登记申请书。

（2）全体股东指定的代表或者共同委托的代理人的证明。

（3）公司章程。

（4）依法设立的验资机构出具的验资证明。

（5）股东的主体资格证明或者自然人身份证明。

（6）载明公司董事、监事、经理的姓名、住所的文件以及有关委派、选举或者聘用的证明。

（7）公司法定代表人任职文件和身份证明。

（8）企业名称预先核准通知书。

（9）公司住所证明。

（10）其他文件。

股份有限公司制私募股权投资基金企业的设立登记，董事会递交登记申请资料需要的法律文件包括：

（1）公司法定代表人签署的设立登记申请书。

（2）董事会指定的代表或者共同委托的代理人的证明。

（3）公司章程。

（4）依法设立的验资机构出具的验资证明。

（5）发起人股东的主体资格证明或者自然人身份证明。

（6）载明公司董事监事、经理的姓名、住所的文件以及有关委派，选举或者聘用的证明。

（7）公司法定代表人任职文件和身份证明。

（8）企业名称预先核准通知书。

（9）公司住所证明。

（10）其他文件。

3. 领取营业执照

公司型私募股权投资基金核准设立后，可以领取到由公司登记机关发给企业的营业执照。该执照的签发日期是公司的成立日期，公司凭营业执照、刻制印章、开立银行账户、办理组织机构代码证及申请纳税登记（包括国税、地税）。

至此，公司型私募股权投资基金设立登记完成。

4. 备案登记

公司制私募股权投资基金企业除下列情形外，应按要求在完成工商登记后的1个月内到相应管理部门申请备案。

（1）已经按照《创业投资企业管理暂行办法》备案为公司制私募股权投资基金企业。

（2）由单个机构或单个自然人全额出资设立，或者由同一机构与其全资子机构共同出资设立以及同一机构的若干全资子机构出资没立。其中，规模在5亿元以上的公司制私募股权投资基金企业在国家发展和改革委员会备案；规模在5亿元以下的私募股权投资基金企业在省级备案管理部门备案。

按照《创投办法》和《PE通知》的规定，创业投资私募股权投资基金企业要根据自身需要自愿备案，而从事股权投资的私募股权投资基金企业需要强制备案。

3.2.3 契约型私募股权投资基金

契约是一种以信任为基础所搭建的法律关系，契约型私募股权投资是由受托人管理或者处理投资人的资产，所产生的盈利归于收益人的一种基金形式。在契约关系中，受托人就是投资机构核心的法律主体，而契约的整体框架还要由受托机构、委托人、咨询顾问、托管银行以及被投资企业等其他各方签署合同，共同组建而成。

契约型私募股权投资基金的架构，如图3-6所示。

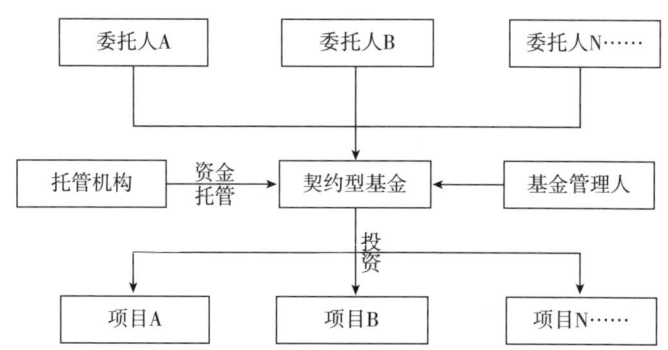

图3-6 契约型私募股权投资基金的架构

契约型私募股权基金由合同约定和安排来构建财产集合，由基金管理人运用基金财产展开投资运作，实现投资效益。

为了更加深入理解私募股权投资基金的组织形式，我们要将信托型基金和契约型基金做个区别。

在2014年以前，契约型私募基金主要依据《中华人民共和国信托法》设立，因而又被称为"信托型基金"。当时资金是通过第三方信托公司和信托计划进入被投资的目标公司，基金投资人作为信托受益人，基金管理人充当信托公司的投资顾问。

2014年，中国证监会105号令放宽了对私募股权基金组织形式的限制，开始允许基金投资人、基金管理人与基金托管人通过基金合同的形式直接建立法律关系。

这种在"契约"基础上建立的基金形式，在实践中被约定俗成地称为"契约型私募基金"或者是"直发型契约制基金"。

从上述内容中，我们了解了契约型基金和信托型基金的渊源，那么从法律概念和流程上来说，信托基金的被委托人是信托公司，契约型基金的被委托人是资产管理公司，也就是基金管理人。管理人的能力范围不同，其约束条件也就不一样了。

虽然契约型基金和信托型基金在法律形式上有相似性，但是在法律关系和法律依据，以及监管体系等方面都有较大的区别，我们可以借助图3-7来对比。

图3-7 契约型基金和信托基金的对比　　（单位：亿美元）

	契约型基金（信托制）	信托型基金
监管机构	证监会	银监会
法律依据	《基金法》《私募监管暂行办法》	《信托法》
法人资格	无	无
投资者地位	委托人，不参与基金运作和投资决策	委托人，不参与基金运作和投资决策
管理人	基金管理人	信托公司，一般不认购信托单位

续表

	契约型基金（信托制）	信托型基金
投资人数	小于200人，投资门槛100万元起步	小于50人，投资门槛100万~300万元
退出机制	根据灵活的信托契约模式	根据灵活的信托契约模式
发行通道	可以自主发行	信托公司
税收优惠	无企业所得税，不代扣和代缴个人所得税	无企业所得税，不代扣和代缴个人所得税

目前很多投资机构并没有把契约型基金和信托基金区别对待，更多的时候是灵活对待。

由于契约型基金不具备独立的法人资格，因而不能以基金的名义进行借贷或者为他人提供担保。而基金管理人可以作为委托人代持其对被投资企业的股权，也可以用自己的名义来申请过桥贷款或者是为企业进行担保，但是要同时承担相应的责任和义务。

另外，契约型基金的优势和劣势也是非常明显的。从优势上说：首先，相比公司型基金双重的税负，契约型基金作为财产流通的渠道，其所得的课税是直接由受益人承担，从交易成本出发，契约型基金不需要额外注册交易实体，也不用专门设置运营场所以及投入专员，所以其运营成本大大降低；其次，契约型基金具有相对的独立性，基金投资官和运行不受委托人和受益人的干预；最后，由于契约型基金不同委托人之间是没有相互关系的，因而个别委托人的变动是不会影响基金的续存，所以可以通过契约灵活地约定投资人进出方式。

从劣势上说：首先，由于契约型基金退出时牵涉到"三类股东"认定等问题，尤其在是否满足拟IPO企业股权清晰和稳定等要求上存在一定争议，因而在后续会影响到通过IPO等渠道的退出是否顺畅；其次，由于基金运作是靠基金管理人操作，也没有有效的约束机制，因而可能会面临一定的道德风险。

3.2.4 契约型私募股权投资基金设立指引

从法律上来看,契约型私募股权投资基金的设立需要有以下几个步骤,如图3-8所示。

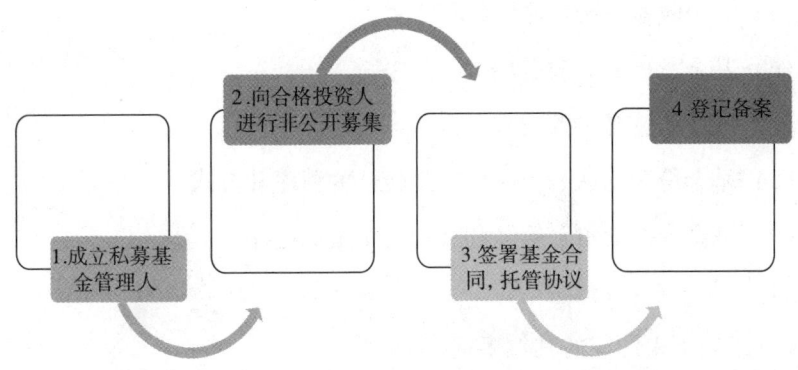

图3-8 契约型私募股权投资基金设立的主要步骤

1. 成立私募基金管理人

根据《私募监管办法》第二章及《私募投资基金管理人登记和基金备案办法(试行)》等相关规定,需要向中基协报送材料,登记备案。

管理人在组织形式上可以选择公司型或合伙企业型的管理人,目前市场主流更倾向于合伙企业型的管理人。

2. 向合格投资人进行非公开募集

"非公开募集"最关键的是募集过程需要遵守法律法规的相关准则,防止触发"公开募集"的程序条款,避免踩到"非法集资""非法吸收公众存款"等雷区。

主要参考的法律法规条款如下:

根据《中华人民共和国证券投资基金法》第九十二条规定:非公开募集基金,应当制定并签订基金合同。基金合同应当包括以下内容:

(1)基金份额持有人、基金管理人、基金托管人的权利及义务。

(2)基金的运作方式。

(3)基金的出资方式、数额和认缴期限。

(4)基金的投资范围、投资策略和投资限制。

(5)基金收益分配原则、执行方式。

(6)基金承担的有关费用。

(7)基金信息提供的内容、方式。

(8)基金份额的认购、赎回或者转让的程序和方式。

(9)基金合同变更、解除和终止的事由、程序。

(10)基金财产清算方式。

(11)当事人约定的其他事项。

《私募投资基金监督管理暂行办法》第十四条和第十六条的有关规定：

第十四条：私募基金管理人、私募基金销售机构不得向合格投资者之外的单位和个人募集资金，不得通过报刊、电台、电视、互联网等公众传播媒体，或者讲座、报告会、分析会和布告、传单、手机短信、微信、博客和电子邮件等方式，向不特定对象宣传推介。

第十六条：私募基金管理人自行销售私募基金的，应当采取问卷调查等方式，对投资者的风险识别能力和风险承担能力进行评估，由投资者书面承诺符合合格投资者条件；应当制作风险揭示书，由投资者签字确认。

私募基金管理人委托销售机构销售私募基金的，私募基金销售机构应当采取前款规定的评估、确认等措施。

投资者风险识别能力和承担能力问卷及风险揭示书的内容与格式指引，由基金业协会按照不同类别私募基金的特点制定。

由于目前对调查问卷的形式一直没有相关细则出台，因而在实际使用中，这种模式的募集很少。

3. 签署基金合同，托管协议

投资人和管理人签署的《基金合同》，内容需要参考《中华人民共和国证券投资基金法》第九十三条的有关规定：

按照基金合同约定，非公开募集基金可以由部分基金份额持有人作为基金管理人负责基金的投资管理活动，并在基金财产不足以清偿其债务时，对基金财产的债务承担无限连带责任。

前款规定的非公开募集基金，其基金合同还应载明：

（1）承担无限连带责任的基金份额持有人和其他基金份额持有人的姓名或者住所。

（2）承担无限连带责任的基金份额持有人的除名条件和更换程序。

（3）基金份额持有人增加、退出的条件、程序以及相关责任。

（4）承担无限连带责任的基金份额持有人和其他基金份额持有人的转换程序。

4. 登记备案

基金募集完成后，管理人向基金业协会登记备案契约型基金。

3.2.5 有限合伙型私募股权投资基金

有限合伙型私募股权投资基金是由普通合伙人和有限合伙人组成。其中，普通合伙人可由专业的基金管理人士担任，对合伙企业承担的是无限连带责任，可以行使基金的投资决策权力；有限合伙人则是按照自己最终出具的资金金额为限，对合伙企业承担有限责任，而且不参与基金的日常运营。

有限合伙企业的有限合伙者不享有公司型私募股权投资基金股东所有的决策权。

有限合伙型私募股权投资基金的架构，如图3-9所示。

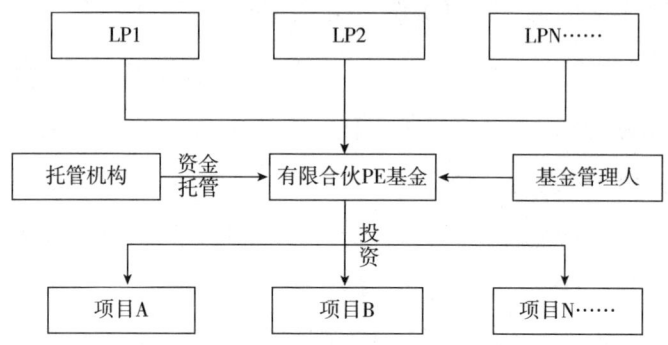

图 3-9 有限合伙型私募股权投资基金的架构

有限合伙型私募股权投资基金有如下几点优势：

1. 彼此分工明确

对于有限合伙人 LP 来说，其本身具有资金但是缺乏专业知识和投资经验。而对于基金经理 GP 来说，其本身具有专业知识，但是缺乏资金。因而从理想的合作角度来说，两者配合是非常好的，可以达到双赢的局面。

2. 约束和激励机制同存

有限合伙型私募股权投资基金的设置模式中，需要 GP 投入大约整个基金投资额度 1% 的资金，这确保 GP 对于投资的失败是要承担无限连带责任的。同时，GP 只有基金有效运作并实现利益最大化后，其管理分红才能顺利提取。这种安排能够有效避免 GP 为了追求高额利润而做出过于冒险的投资决策，防止了道德风险。

3. 融资结构灵活

由于 LP 一般是在 GP 选定项目以后才将资金交给 GP，因而可以最大限度发挥基金的时间效益，同时 LP 还能够自由转让其持有的基金股份。

4. 分配及组织机制自由

既可以在同一基金下不同的项目设置不同的投资人，每个项目独立核算，也可以针对同一个项目设置不同优先级别的投资人。

至于有限合伙型私募股权投资基金的劣势，是有限合伙制对于 LP 资金交付的时间和比例自由约定，隐患是一旦二期资金不能及时到位，会对基金的运行产生很大的影响，因而风险也高于公司型私募股权投资基金。同时，有限合伙型私募股权投资基金因为有着更多的差异化设计，需要进行差异化管理，从而提高了基金的管理难度。

而在税务方面，因为合伙企业不具有法人资格，因而不属于纳税主体，经营基金所取得的收益仅需要合伙人层面缴纳。

3.2.6 有限合伙型私募股权投资基金企业的设立

有限合伙型私募股权投资基金企业的设立条件及程序，基本遵循《合伙企业登记管理办法》《关于做好合伙企业登记管理工作的通知》《企业登记程序规定》等文件的要求，具体内容如下。

1. 设立条件

根据《合伙企业法》的第三章规定内容，设立有限合伙企业，应当具备下列条件：

（1）有限合伙企业由 2 人以上，50 人以下合伙人设立，但是法律法规另有规定的除外；有限合伙企业至少应当有一个普通合伙人。

（2）有符合本法第十八条规定的，以及另外六项事项的书面合伙协议。

（3）有限合伙企业名称中应当标明"有限合伙"字样。

（4）有合伙人认缴或者实际缴付的出资；有限合伙人可以用货币、实物、知识产权、土地使用权或者其他财产权利作价出资，但不得以劳务出资。

（5）法律法规规定的其他条件。

2. 设立步骤

（1）进行名称预先核准。

有限合伙型私募股权投资基金企业预先申请核准的名称必须标明"有限合伙"四个字，同时在名称核准之前需要确定企业的商号、注册资本、投资人及投资比例等相关事项。但具体设立时应以注册地命名要求为准。

（2）申请设立登记。

根据流程，申请人应当向工商登记部门或者企业登记机关提交设立所需文件；递交材料的人选是由全体合伙人指定的代表或者是共同委托的代理。

（3）领取营业执照。

企业登记机关会当场收下申请资料齐全、符合法定形式的材料，并在规定的工作日内出具营业执照。同时，营业执照的签发日期是合伙企业成立日期。

在领取营业执照后，还应刻制企业印章（至少应刻制公章、财务章、执行事务合伙人及其授权代表人名章），办理组织机构代码证，申请纳税登记（包括国税、地税），开立银行基本账户。在取得企业基本账户开户许可证后，企业方可进行对外投资。

（4）备案登记。

在完成工商登记后的1个月内，申请到相应管理部门备案；合伙型创业投资企业实行自愿备案，合伙型私募股权投资基金企业设立后，可根据自身需要自愿去备案管理部门备案。

3.3 私募股权投资基金的模式

前文我们对私募股权投资基金最基本的三种组织形式——公司型、契约型和有限合伙型分别做了基本的结构阐述。但在实际操作中,可以灵活变动,将多种组织形式集合起来,形成基金所需要的模式。

3.3.1 私募股权投资基金的模式选择

根据统计,目前最常用的基金模式为以下几种,如图3-10所示。

图3-10 私募股权投资基金的模式

1. 公司制

在公司制模式下的私募股权投资基金，就是法人制基金，主要根据《中华人民共和国公司法》《外商投资创业投资企业管理规定》《创业投资企业管理暂行办法》等法律法规设立。

在这种模式下，股东既是出资人，也是投资的最终决策人，因而投票权的分配是根据彼此的出资比例来决定的。

例如，由山东省政府国有资产监督管理委员会全资持股的在国内首家创业投资上市公司鲁信创投，最大持股方是山东省鲁信投资控股集团有限公司，持有73.03%的股权。而鲁信创投则直接或通过子公司间接投资于各种高新产业，以新北洋、圣阳股份为典型代表。

2. 信托制

信托制私募股权投资基金是指信托公司将信托计划下取得的资金进行权益类投资，其实质是新的信托计划通过信托平台发起，并将募集到的资金进行信托直接投资。信托制私募股权投资基金设立的主要依据为《中华人民共和国信托法》（2001年）、银监会2007年制定的《信托公司管理办法》《信托公司集合资金信托计划管理办法》（简称：信托两规）、《信托公司私人股权投资信托业务操作指引》（2008年）。

采取信托制运行模式的优点是借助信托的平台能够快速筹集到资金，不足之处是信托公司作企业上市发起人，股东很难确定其究竟是否存在股权代持关系，虽然监管部门要求披露到信托的实际持有人。正因如此，信托持股的项目想要采用IPO退出存在较大的障碍，因为监管部门在受理此类退出时会非常慎重。

比较典型的信托制私募股权投资的案例是：中信锦绣一号股权投资基金信托计划（简称：锦绣一号），主要是投资于中国境内金融、制造业等股权投资，以及IPO配售和公众公司的定向增发。

锦绣一号由7个机构和7个自然人组成，计划集合资金总额为10.03亿元。为达到这个目的，锦绣一号对受益人进行"优先—次级"的结构分层，其中优先受益权9.53亿元，次级受益权0.5亿元，次级受益权由中信信托认购。

这种对受益人分层的设计，消减了投资人对于风险的担忧，从而使该信托计划的发行变得十分顺畅。

3. 有限合伙制

有限合伙制私募股权基金的法律依据为《中华人民共和国合伙企业法》（2006年）、《创业投资企业管理暂行办法》（2006年）以及相关的配套法规。按照规定，有限合伙企业是由2个以上，50个以下的合伙人组成，其中至少要含有1个LP和1个GP。

根据《中华人民共和国合伙企业法》规定，GP可以以劳务出资，而LP不能。这一规定明确承认了GP的智力资本价值，体现了有限合伙制的"有钱出钱，有力出力"的优势。

采用这种模式的优点有很多，例如LP和GP之间权责明确，激励效果好，同时避免了公司型私募股权投资基金的双重赋税。但是其缺点在我国尚未成熟的资本市场中看来，可能是致命的：除却LP插手GP的经营决定外，有限合伙制对于GP有无限责任，这对于是自然人身份的GP来说风险是很大的。因而像自然人身份担任GP的，是需要LP和GP之间比较熟悉才适合。

4. 公司+有限合伙

在这个模式下，公司是指基金管理人，基金是有限合伙制企业。这是目前较为普遍的股权投资基金操作方式。

目前的《中华人民共和国合伙企业法》对有限合伙企业中的GP并没有明确规定是要自然人还是法人，而自然人作为GP进行合伙事务风险系数较高，因而采用"公司+有限合伙"模式可以有效降低管理团队的个人风险。

而且一旦基金运行状况不良，作为有限责任的管理公司则可以成为风险隔离墙，从而降低个人风险。

目前国内很多知名的投资机构都采用这样的操作模式，诸如深创投、同创伟业投资、创东方投资、达晨创投等旗下的投资基金。

例如，成立于2000年的达晨创业投资有限公司，共管理包括达晨财富在内的10余支基金。其中，达晨财富基金是有限合伙制基金，由达晨创业投资有限公司管理，规模2亿元，个人的出资额不低于200万元，机构的出资额不少于1000万元，单笔的投资规模不高于总募集金额的20%。典型的投资案例还有数码视讯、网宿科技、太阳鸟等。

5. 公司+信托

这个模式结合了公司和信托制的特点：通过信托计划取得基金所需的投入资金，且是由公司管理基金。

根据《信托公司私人股权投资信托业务操作指引》第二十一条规定：信托文件事先有约定的，信托公司可以聘请第三方提供投资顾问服务，但投资顾问不得代为实施投资决策。这一规定明确了管理人不能对信托计划下的资金进行独立的投资决策。

另外，管理人或投资顾问还需要满足以下几个重要条件：

（1）有不低于该信托计划10%的信托单位。

（2）实收资本不低于2000万元人民币。

（3）管理团队主要成员股权投资业务从业经验不少于三年。

目前采取这种模式最多的是地产类权益投资项目和需要通过快速运作资金的创投类管理公司，此外一些需要快速运作资金的创投类公司，也会借助于信托平台进行资金募集。例如新华信托、湖南信托等。

"公司+信托"的最著名例子是渤海产业投资基金。渤海产业投资基金于2006年9月正式成立，在中国境内发行，基金存续期十五年，首期金额为 60.8 亿元。

渤海基金作为信托制基金，出资人是全国社会保障基金理事会、国家开发银行、国家邮政储汇局、天津市津能投资公司、中银集团投资有限公司、中国人寿保险（集团）公司、中国人寿保险股份有限公司。

首期资产委托渤海产业基金管理公司管理，托管行为交通银行。而渤海产业基金管理公司的股权则由中银国际控股公司持有 48%，天津泰达投资控股有限公司持有 22%，剩下的股权由六家基金持有人各持有 5%。主要的投资案例有：奇瑞汽车、红星美凯龙、天津银行、三洲特管等。

6. 母基金（FOF）

母基金是一种专门投资于其他基金的基金，利用自身资金和管理团队的优势，选择适合的权益类基金进行投资，并且通过投资多个优质股权类基金，降低和分散投资风险。

以母基金的形式进行运作的一般都是政府国有资本，从发起创业投资引导基金到产业引导基金都是以母基金的运作形式存在的。这类模式可以有效放大财政资金，选择专业的投资团队，最终可以引导社会资本的介入，扶持新兴产业。

2010 年 12 月，首支国家级大型人民币母基金"国创母基金"由国开金融和苏州创投集团有限公司，在依托国开行和苏州工业园区基础上发起设立，总规模达 600 亿元，首期规模为 150 亿元，分为 PE 母基金和 VC 母基金两个板块。

从本节内容中，我们可以得出："公司制""信托制"和"有限合伙制"是私募股权投资的基础式样，后三类则是前三类的叠加和延伸。

目前在市场上还存在有"信托+有限合伙"模式和"公司+信托+有限合伙"模式。采用这两种模式，一来是为了规避信托模式中披露具体持有人的障碍；二来是为了能通过有限合伙基金的运行模式，提高信托资金的使用率。

3.3.2 选择适合模式的技巧

在具体考虑使用何种私募股权投资的模式时,税收成本的考量是最大的参考因素。对于私募股权投资基金获利而言,从基金层面获得的股息红利和股权转让所得是很有可能发生流转税以及所得税的应税行为。从基本税收制度角度来说,一般是会分为三个层面来比较和考量不同组织形式的税负。

1. 私募股权投资基金的层面

对于有限合伙型企业来说,根据财税〔2008〕159号第二条规定:合伙企业以每一个合伙人为纳税义务人;第三条规定:合伙企业经营所得和其他所得采取"先分后税"的原则。

因而基金层的有限合伙型私募股权投资基金不需要缴纳所得税,至于契约型私募股权投资基金,因为本身不存在实体,更多的是使用股权众筹平台,所以基金层面也不需要缴税,如表3-1所示。

表3-1 公司型私募股权投资基金税负　　　　(单位:亿美元)

收入类型		增值税	所得税
股息红利		不需要	免税,《企业所得税法》第二十六条:符合条件的居民企业之间的股息、红利等权益性投资收益免税
股权转让所得	非上市公司	〔2002〕191号文对股权转让不征收增值税	25%,《企业所得税法》第四、六条
	上市公司	财税〔2016〕36号文第九条附件所称金融服务中金融商品转让:收取6%(小规模纳税人为3%)	25%,《企业所得税法》第四、六条

2. 私募股权基金投资者层面

对于投资者来说，分为个人和法人两种类型。其中，当基金是从被投资企业中所产生的盈利里，将所得到的利益按照协议规定分配给投资者时，投资者需要缴纳个人所得税或者是企业所得税，如表3-2所示。

表3-2 私募股权投资者所得税税负　　（单位：亿美元）

基金类型	个人投资者		法人投资者	
	股息红利	股权转让	股息红利	股权转让
公司型	基金将从被投资企业分得收入再分配给投资者，对投资者而言均属"股息红利"，按《个人所得税法》第五条股息、红利所得税率20%计		基金将从被投资企业分得收入再分配给投资者，对投资者而言均属"股息红利"，《企业所得税法》第二十六条：符合条件的居民企业之间股息、红利等权益性投资收益免税	
合伙型	国税函〔2001〕84号第二条以"利息、股利、红利所得纳税"，为20%	财税〔2000〕91号第四条比照个体工商户按"生产经营所得"纳税，为5%~35%	财税〔2008〕159号第二条，合伙人是法人和其他组织的，缴纳企业所得税，为25%	
契约型	根据证券投资基金法第八条：基金财产投资的相关税收，由基金份额持有人承担，基金管理人或者其他扣缴义务人按照国家有关税收征收的规定代扣代缴			

3. 基金管理人层面

根据《证券投资基金法》第十二条规定：基金管理人包括公司和合伙企业。根据私募股权投资基金管理人的收入类型，通常是管理费、咨询费及超额投资收益等，因而所牵涉到的税负为增值税和所得税，具体如表3-3所示。

表3-3 基金管理人层面的税负　　（单位：亿美元）

基金管理人税负		管理费	咨询费	超额收益
公司型	增值税	6%	6%	（1）投资收益类，不需缴纳增值税 （2）服务或者劳务，缴纳6%的增值税
	所得税	所有收入扣除成本和费用后按照25%的比例缴纳企业所得税		

续表

基金管理人税负		管理费	咨询费	超额收益
合伙型	增值税	6%	6%	（1）投资收益类，不需缴纳增值税 （2）服务或者劳务，缴纳6%的增值税
	所得税	不产生所得税		

综上所述，在具体考虑选择哪一类的运行模式时，需要在综合判断的基础上作出最后的决定。一般来说，除了税负，还需要参考以下几点：

（1）主要出资人所在区域的商业趋势。

（2）国家机关相关政策以及优惠政策。

（3）基金发起人对于资金规模和资金到位及时性的要求。

（4）基金发起人的熟悉领域以及投资模式等。

总体来说，通过参考以上要素，基本能决定私募股权投资基金的具体运作模式选择哪一种。

第 4 章
项目寻找，复制软银投资神话

所有的 PE 都希望在众多投资项目中遇到"千里马"，投资"独角兽"，复制软银投资阿里巴巴时创下的 7 年获利 71 倍的神话。因此，如何选择合适的项目，并且在投后管理中提升项目的增值服务水平，是实现私募基金创富神话的基础。

4.1 投资的项目

在 2002 年的时候,摩根士丹利、鼎晖和英联投资蒙牛,三家私募机构共筹集 6 亿港元;2004 年,蒙牛在香港挂牌上市,三家私募机构退出,获得 29.71 亿港元的现金。两年时间,这三家私募机构获得投资金额五倍的回报。

2007 年至 2008 年,李嘉诚分两次向 Facebook 投资 1.2 亿美元,当时 Facebook 的估值是 150 亿美元;2012 年,Facebook 在纳斯达克上市的时候,估值已经达到 1050 亿美元,短短五年时间,李嘉诚在 Facebook 上获利近七倍。

事实上,私募股权投资基金作为长期投资的优秀配置型基金,在过去的十年里,创下年化收益是中国境内其他投资品种 20% 的业绩,可以说是位列长期投资收益的前列。

私募股权投资都是选择未上市的企业,并且基本是处于成长型。如果选对项目,介入被投资者在引进外部资金后,获得快速发展的时期,PE 机构获得令自己心仪的回报也就不那么困难了。

4.1.1 项目来源

私募股权基金要想取得好回报,和项目的获取是分不开的,尤其是如何以较低的价格和较快的速度获得项目,这是非常关键的一步。

一般来说,基金经理会在充分利用公司资源的基础上,进一步从外部渠道挖掘适合的项目信息。同时,整合内外部的资源,建立起畅通的多元化项目渠道。

投资项目的渠道包括自有渠道、中介渠道和品牌渠道。

渠道不同,项目的信息质量也不同,会存在一定的差异。一般来说,通过个人关系网络获得的项目信息质量会比较好,因而基金经理会倾向于通过朋友、网络或者证券公司,政府部门以及中介等寻找项目;另外高质量的洽谈会也是基金经理搜集项目信息比较好的渠道。

私募股权投资项目最主要的项目来源渠道,如表4-1所示。

表4-1 私募股权投资项目最主要的项目来源渠道(单位:亿美元)

渠道	过程	途径
自有	(1) 自有渠道的平台建设上主动进行拓宽 (2) 参加各种风险投资论坛会议获取一定的项目信息,并且进行筛选	个人网络、市场分析、股东及战略合作伙伴
中介	借助业务伙伴或者是专业机构以及其他创投公司,获取一定的交易信息	银行、投资界、律师、会计师事务所、咨询公司等
品牌	通过不断打造公司在创投界的名气,提升企业的知名度	公司网站、媒体推广

对于一些影响力比较大的机构,会采用能够持续提供优质项目的平台来满足自己的投资选择。

例如,联想控股了弘毅投资、君联资本和联想之星。在项目的选择上,首先是通过联想之星与中科院的合作,寻找到一些有发明专利,同时又想创业的人,展开一年两次的培训班,由柳传志亲自来授课,将这群人往企业家方向培养。在这个过程中,如果有发现具备投资条件的人或者项目,就会开始 VC 投资。

等这批企业发展到一定规模,君联资本会从中再一次进行筛选,选出一批企业进行 3000 万~5000 万元规模的投资;等到这批企业进入成长型发展后,君联资本会再次从中选出优质企业,进行 3 亿~5 亿元的注资。用这种方式,投资公司实现了建立属于自己平台的项目圈,保证了再生项目源源不断出现的源动力。

而深创投公司,自 2005 年和武汉政府经过协议谈判,成立政府引导基金后,到了 2010 年已经在全国铺设了 51 支政府引导基金。其中中央级政府 2 支、省级政府 14 支、地市级政府 33 支、县市级政府 2 支。这些基金每年都能有近千个项目向上呈报,深创投公司再从中选出 60~80 个项目来投资。

所以说,在投资项目的来源上,除了基金经理利用自己本身资源以及一些外在的拓宽渠道外,还可以尝试着建立项目孵化平台,最终形成稳定的项目来源渠道。

4.1.2 项目筛选

项目筛选方面,PE 机构一般会从以下几个角度去考察和筛选项目,如图 4-1 所示。

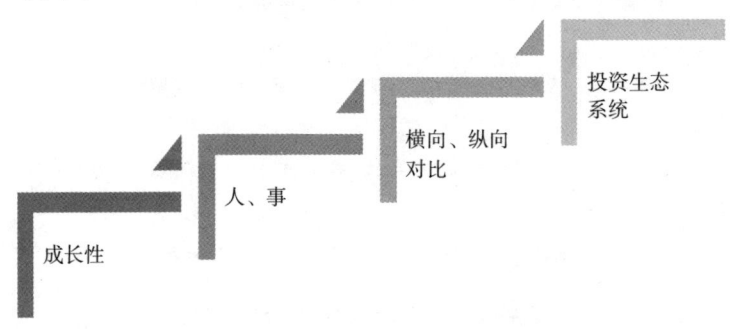

图 4-1 PE 机构筛选项目的角度

1. 成长性角度

所谓成长性，指的是企业是否具备良好的行业增长性。PE 机构将"成长性"列为投资的核心标准，是因为以下几方面的原因：

（1）投资的本质就是投资未来。私募股权投资机构投资的都是未上市的企业，看好的就是企业未来的发展前途，因而他们所需要看到的是企业是否有持续增长的核心能力。而这一点，是可以通过企业的品牌、技术、管理以及企业文化等判断出来的。

（2）如果 PE 机构投资的是技术型企业，那么企业科研能力、技术创新体系等，是判断企业成长性指标的关键。而如果对方是运营型企业，那么是否有一支完整的、执行力高的企业团队是关键。

（3）不管企业的专利优势多么强大，政府的重视程度多么高，企业最终的表现是集中在财务等指标上的。因而 PE 机构在筛选企业的时候，最关注的还是企业的核心能力以及财务指标。

将上述三点内容置于企业中考察，能很好地分析出企业成长性指数，如图 4-2 所示。

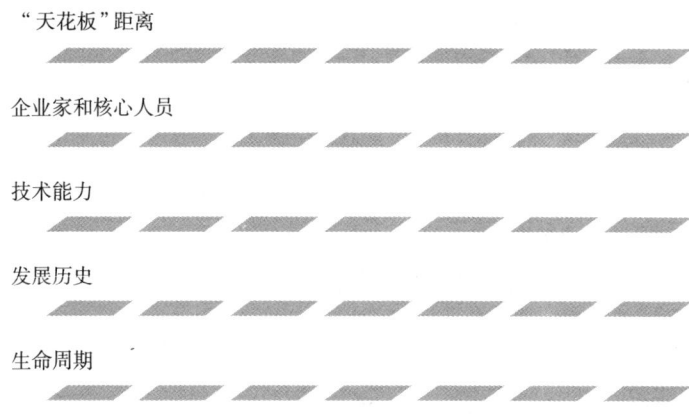

图 4-2　企业成长性指数分析方向

(1)"天花板"距离。

所谓天花板，指的是企业的发展空间，也就是市场容量，这是企业成长的最大理论值。这个数值的获取，是从行业细分的市场规模，以及行业的竞争情况得出的。另外，国家产业政策也决定了行业天花板的高度。

(2) 企业家和核心人员。

在考察企业时需要参考的是企业创始人的领导能力和核心人员的管理能力、技术性人力资源能力和核心创业团队的稳定性等。这些要素对于企业的成长是至关重要的，而有些PE机构更看好的是企业的团队。

(3) 技术能力。

技术能力不单单是指创新和研发能力，更多的是指转换为商品化能力、产能化和市场推广化的能力。

(4) 发展历史。

对于创新企业来说，由于成立时间短，企业文化偏重于年轻化和科技化，企业形态又千姿百态，所以很难找到对标企业进行参考。因而企业的发展历史就显得尤为重要，此时可以参考企业的业务模式成熟度，治理结构的良好运行以及学习能力的高低等。

(5) 生命周期。

生命周期指的是企业产品或者服务是否处于更新换代阶段，是否有更替的能力和这种迭代是因为技术和行业模式的压迫还是由于企业自身发展所需？另外，如果是投资于传统行业，那么是否有新的增长点？同时，行业是否有足够规模也需要考虑进去。

2. 人、事角度

这里的"人"，指的是企业的经营者和核心管理层。"事"指的是企业所在的行业。PE机构对于"人、事"的考察，着重点将放在企业经营者与行业契合度上。

之所以是说"契合度",这是因为好的经营者能够带着企业走上发展的康庄大道,经营者的气度和胸襟有多大,企业就能走多远。而某些行业天生就是能获得高利润,企业的起点就是比其他企业更高,正如有些人的智商天生就比其他人高一样,这种先天性的基因也是极其重要的。

因此,"优秀的企业家+优秀的企业"的组合,是PE投资者最青睐的组合之一。

3. 横向、纵向对比角度

PE机构对拟投资企业进行"横向对比"的筛选,指的是对企业发展的核心因素和动力,以及风险点抓主放次;要对企业所在的行业进行判断,如投资时节点的控制,以及企业不同阶段的成长价值和评估等。

"纵向对比"指的是PE机构会通过行业或者相似的企业对拟投资企业进行分析对比,清晰直观地了解投资企业在行业中所处的地位、目前的发展阶段,以及企业自身的发展水平。

"横向纵向对比"一般会从企业的发展历史、业务和产品的结构、现阶段的商业模式、核心技术和客户群体,企业的财务指标以及资本市场的表现等方面进行比对;根据这些比对结果,再对拟投资企业从行业上和企业本身,判定其投资价值以及投资风险的指数,综合考虑进行筛选。

4. 投资生态系统角度

所谓投资生态系统,指的是PE投资机构关注的是通过投资能达到彼此可持续,合作共赢的利益局面。从这个层面出发,所投资的企业是要能在不打破原有商业生态循环的基础上更好运行,才是值得投资的企业。

简单来说,这个生态圈是包括投资人、基金公司、被投资企业、行业的竞争对手、国家和政府、社会公众化等要素。这些要素的协调运转,要求企业结合利他理念,为他人,也是为自己,在追逐经济利益的同时践行自己的社会责任。

另外，企业的运转和这些要素也是紧密相关的。对于 PE 投资者来说，需要了解企业的发展周期。

（1）宏观经济周期，也就是国家和政府的经济政策以及相关的行业政策指定，PE 机构在选择项目的时候，要做好宏观分析，预判政策，同时对经济周期和产业周期，以及资本市场周期的运作都要做到胸有成竹，并进行反周期投资。

（2）针对拟投资企业的发展周期，要明确企业在国家政策和行业发展中所处阶段，是属于创造利润阶段还是消耗利润阶段，这些对于投资成败是至关重要的。

（3）关于企业家的生命周期也是要考虑的，毕竟企业家的创业激情和身体健康状态，会影响到其所带领的企业的发展。

（4）在"投资生态系统"中，PE 机构会选择拥有结构性竞争优势的企业，这种令竞争者难以模仿的结构，可以帮助企业在较长时间内低于外来竞争，实现超额收益。

4.1.3 投资阶段选择

一般说来，投资阶段的选择需要关注以下几个方面，如图 4-3 所示。

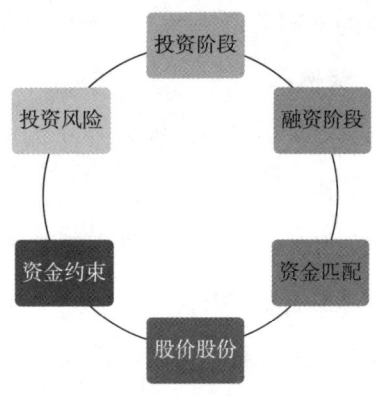

图 4-3 投资阶段选择

1. 投资阶段

投资阶段通常分为：种子期、创业期、成长期和成熟期。其中每个阶段，每段时间的特点和侧重点都是不一样的。

种子期：创新、技术、产业、研发环境。

创业期：创业的经验和管理能力，以及可以利用的社会资源等。

成长期：资金实力、增值服务、专利和专业的优势。

成熟期：品牌形象、资金实力和服务的能力等。

2. 融资阶段

企业家在融资的时候需要考虑如何在创业资本金、私募资本金以及发展流动金，上市资本金之间利用最佳的融资结构，将这些都有机地结合起来，组成合理的股东结构。

3. 资金匹配

通常来说，创业型企业的资金是涵括了自有资金、风险投资、战略投资、贷款、风险投资以及资本市场的长期发展资金等。

4. 股价股份

在所投资的企业处于的不同阶段，相同金额的资金也会呈现不同的比例。也就是说，在企业的不同阶段进场，控制的股份数额也是不一样的。例如，以投资1000万元为例：

种子期：可以拥有绝对优势股份，达到9：1的比例。

创业期：能够控股，达到8：2的比例。

成长期：因为企业的发展壮大，此时投资需要的是更大的数额，所以这个阶段，投资是比较难控制股份的，一般是5：5的比例。

成熟期：需要的是更多的资金，同时股份变小，即便投资很多的资金都未必能控股，一般也就是2：8的比例。

5. 资金约束

不同阶段进场的各路资本,对企业的发展是有着不同的要求。对于创业资本的提供者来说,需要的是充分的信心;对于贷款提供者来说,是要稳定的现金流和充分的担保。而对于风险资本提供者,则是需要企业能够实现优秀的业绩,展现出良好的前景,至于资本市场的提供者来说,需要将实现的利润和高成长的未来结合在一起。

6. 投资风险

在不同的投资阶段,其投资风险也是不同的。种子期的投资风险是最大的,用数字来量化,可以达到10:1;创业期的投资风险是10:2,成长期为10:3;成熟期为10:4。

随着企业的不断成长,其抗风险能力也会逐渐提高。

4.1.4 PE 投资中的核心思维模式

PE 投资的思维方式,指的是 PE 投资人在对投资项目进行决策的时候,综合判断的思维模式和思考的逻辑架构。可以说,这是一种凌驾于普通项目决策上的,并且已经上升到投资理念的逻辑框架。

PE 投资的思维模式,如图 4-4 所示。

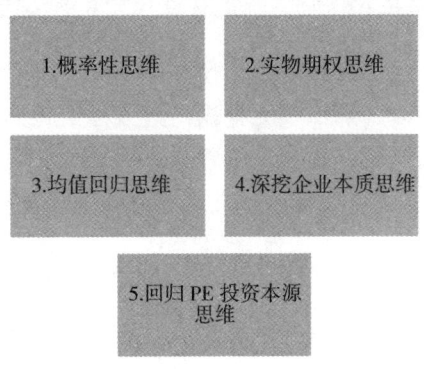

图 4-4 私募股权投资的核心思维模式

1. 概率性思维

在 PE 投资中，概率性思维可以总结成一句话：宁可投资有单一高风险因素的项目，也不投资同时存在几个低风险因素的项目。

这句话的意思是，假设有 1 个项目，存在 50% 失败概率的单一风险因素，当然也是有 50% 的成功率。还有 1 个项目，存在两个失败概率为 30% 的风险因素，即使此项目的单一成功因素为 70%，那么在两个 30% 失败因素的综合下，根据贝叶斯概率就可算出这个项目的成功因素只有 49%。

因而，项目中失败的风险因素越多，哪怕每个因素都只有很小的一点概率，但整体上来说，成功的可能性就会以几何式的速度下降。

总的来说，在投资项目中，重视项目失败因素的数量比重视项目失败的概率更值得深入探究。

2. 实物期权思维

所谓实物期权思维，指的是 PE 在投资时，虽然表面上是通过投资获得企业的股权，但实际上是通过投资的具体项目获得分享各种红利的机会，这才是 PE 投资中所有的超额回报的重要来源。

而这种超额回报的来源，与投资的项目所具有的不确定风险因素有关。虽然我们在一开始就强调投资有风险，需要时时刻刻把投资风险因素降低，但这里还有另一个概念，就是有些风险的不确定性是无法预测的，也就是说，去预测项目的某些风险做的是无用功，也是没有意义的。如果强行对这些风险做预测，那么毫无根据的过度乐观或者悲观（因为本身导致这种情绪产生的风险预测就是无意义的）反而会影响到项目的成败。

所以说，我们在投资中的思维模式是：预测可以预测的风险。例如通过大数据分析出行业正处于的生命周期，从中得出行业大环境对拟投资企业发展带来的风险影响等，这些从已经发生的，企业上下游产业链的生存状态中所具有的连带风险是可以去预测并且尽量规避的。而对于一些不可以预测的风险，就不要强行去预测。就好像是实物期权中的风险因素是完全没有办法被认知的，连概率都谈不上，又怎么能谈论到风险呢。

因而我们要重视实物期权思维，也要注意到它和概率性思维的差异。

3. 均值回归思维

对于基金经理来说，寻找好的投资项目是他们的天职之一，但是由于企业具有自身的生长逻辑，任何超过企业内在增长率的成长性都是昙花一现，这和一些大环境或者是行业的偶发因素有关，因而PE投资机构在投资的时候，需要判断企业的成长性是否正常，目前低迷或者激进的成长率，在恢复到正常的成长率之前可能会持续多长时间。

事实上，很多企业的某一个发展阶段正好站在风口上，盈利能力出现了一个强力的拉升，这在融资中也成为高估值的一个计算因素，然而PE投资者需要有均值回归思维，看清楚企业漂亮的业务报表这种状态到底能持续多久。

另外，当一个企业的盈利能力持续低于正常水平，对于PE来说倒也是一个适合的进场机会，不过之前需要弄清楚的是，这个行业的正常盈利水平和退出途径的畅通与否，以及企业是否是一个好的标的。

4. 深挖企业本质思维

企业本质思维的价值是在于可以让投资者看清楚企业发展的高度和未来。因为企业的现在时和未来时，还是依赖于企业过去时打下的基础。

PE投资者之所以要具备这样的思维，是因为企业过去发展的行为和习惯是可以用来预测未来的行为和习惯。对于企业来说，转型和升级并不是一件很轻松的事情，而是要面对新企业的崛起和老企业的衰亡。在这种背景下，PE投资者不单单要看财务报表，更要看企业具有的发展动力和潜力，从它创立的本质上去寻找支撑企业进一步发展的源动力。如果说，只是单纯地用战略步骤来规划企业的未来发展，没有充分重视到企业结构的本质，那么很可能结局会让投资者失望。

另外，对于企业的经营者也是要予以充分的重视。因为企业经营者所要做的核心事情是去经营企业，而投资者的核心能力是去判断和预测一个企业的发展。因而投资者需要跳出企业目前的运营表象，真正深入到内在去考核拟投资企业的发展。

5. 回归 PE 投资本源思维

PE 投资的收益之所以会高于其他投资，很大一部分原因是因为 PE 投资中的复利收益：收益和权益的复合增长。

由于一个项目在三年之内的业绩基本是可以预测的，因而很多 PE 投资者都希望能够缩短投资时间，三年内退出，在降低风险的基础上获得一定收入。

采用这种投资模式的 PE 机构获得的收益，是在剔除企业的风险折价后，获得的一级和二级市场的套利，但是企业永续经营的价值并没有得到体现。

就好比从软银 2000 年开始投资阿里巴巴的第一笔 2000 万美元起，当高盛等投资机构准备退出的时候，软银并没有退出，而是一直等到了 2007 年阿里巴巴在香港挂牌上市，最终创下了回报率 71 倍的神话。

因而，当 PE 机构采用只是赚取一级二级市场套利这种低级的投资策略，收益并不会很高，只有回归到 PE 投资的本职，通过长期投资分享企业的成长性，才能实现复利效应。

不过这种思维模式对 PE 投资团队提出了很高的业务素质要求，要求团队成员在投资标的选择上和投资理念上都有所建树，同时还要摒除赚快钱的思想，真正从企业本身去寻找投资最大化盈利时机。

4.2 投资项目增值：投后管理

私募股权投资基金的投后管理是私募股权投资的重要组成部分，作为基金管理人，不但要决定投资的项目，而且要在项目的后期管理上跟进。

而所谓的投后管理，是指股权投资基金与被投资企业在签署正式的投资协议后，基金管理人参与到被投资企业的经营决策中，做到既能为企业的经营实施风险监控，也能利用自己的资源，努力提高被投资企业的运营状态，为企业提供增值服务。

4.2.1 投后管理的必要性

投后管理是整个股权投资体系中非常重要的环节。以下几点为实施投后管理的必要性，如图4-5所示。

1. 把控风险

投后部门需要把控的不仅是基金本身运营的风险，还包括宏观环境下国家政策和市场变动给企业带来的不确定因素构成的风险。而投后管理，

图4-5 投后管理的必要性

重点是放在帮助企业尽可能减少出错的概率,在既定的周期内完成投资时设定的企业利益增长目标。

对于企业来说,在进行天使轮融资的时候,其本身很可能只是一个概念,一个不成形的企业体系,财务和人员匹配几乎很少有完善的。在这个基础上,PE机构的投后管理就相当于搭建一个符合具有长远发展能力和盈利能力的企业架构,从企业结构的本身和到政策、市场、管理和财务等多个角度去降低被投资企业的风险,实现投资的保值、增值。

2. 增强企业软实力

随着中国股权投资市场LP数量和实力的剧烈提升,资本市场大体量的增长,但优质的项目并没有匹配增加。在这种局面下,单纯靠资金的支持已经很难留住优质的企业方了。为了吸引到足够多优质的项目,基金公司会从提高自身的投后管理能力入手,对于一些需要孵化的项目,尽可能地利用自身资源帮助企业快速成长,从而利用投后管理来带动绩效的改善,通过企业的有机增长令资本保值增值。

3. 反哺投前

关于这一点,可以从两个方面来看:

(1) 当投前部门在短期内完成了企业的投资后,投后部门就需要花上很多精力跟进,主要是对投前部门的判断和行为进行投资逻辑上的校验。

例如,当初投资某个平台,是因为看中模式,可以把下游的人员利用平台吸引到上游企业，最终成为开放性的电商平台。但是通过一段时间的运营，发现这一点很难行得通，于是这个平台最终做成为下游人士提供服务的服务商。

这种模式虽然很好做，但是竞争力降低了很多。在这个时候，投后管理部门就会对项目特别注意，在帮助项目这一方进行模式结构的整理，同时还会把投资中产生的问题反馈给投前部门，让他们一方面解决当前企业的问题，另一方面在以后的项目选择中及时规避这类风险。

（2）调整投资布局。机构在设立基金的时候，一般都已经对投资的领域和融资的轮次做好了规划。但是不排除当投资红利期爆发时的特殊情况。例如在 2014～2015 年间，"互联网＋"的项目成为投资热门，很多机构重复投资类似项目，投后部门就要反馈给投前部门，再次关注这类企业的时候，需要进行差异化，提高挑选的门槛。

当然有些基金就是体量大，可以多项目操盘。但更多的是在不考虑基金量级的情况下，单纯从投后管理角度来看，需要多样化的产品和多元化领域。这是为了降低风险，也是为了提高基金的覆盖面，拉升基金的成长空间，以及在同一领域同一产品下，投前人员可以利用更多、更好的资源孵化项目。

4.2.2 投后管理的内容

对于私募股权投资基金的投后管理来说，这一环节的目标是为了尽量避免投资风险，提高风险投资的增值，追求最大化的投资收益。

为了达到这个目标，PE 机构把投后管理的内容分为以下几个部分，如图 4-6 所示。

1. 常规性管理

指的是 PE 机构的基金管理人在权利范围之内，对被投资企业的经营

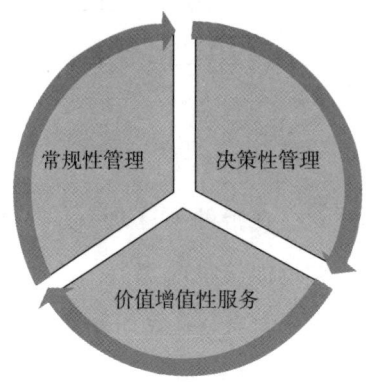

图4-6 投后管理的内容

管理等情况作出及时的监管和协作处理。

2. 决策性管理

指的是基金管理机构通过对被投资企业派遣高层管理人员,对企业内部结构进行优化,同时在企业的决策过程中享有一定的决策权,在一定程度上能影响企业的决策。

高层管理人员能制约被投资企业的管理层,同时还需要对基金管理人负责,向基金公司反馈被投资企业的状况,同时要为被投资企业提出建设性的指导意见。

需要注意的是,高层管理人员反应的情况要准确、及时,以便于基金管理人员可以及时作出决策上的调整。

3. 价值增值性服务

价值增值性服务包括的是投资机构对被投资企业所作出的,具有全部价值意义的增值性服务总称。之所以会有这一项内容,是因为这可以最大限度地提升企业的价值增值,这也是机构管理人投后管理的价值核心。

普遍来说,价值增值性服务包括:投资管理团队的建设、信息的支持,以及法律顾问等咨询服务内容,这也是价值再创造的过程,是投后管理的要点之一。

4.2.3 投后管理的类型分类

私募股权的投后管理主要包括监控和增值活动。

基金管理人通过对被投资企业派遣高级管理人员,确保企业在发展过程中尽可能地作出正确的决策,保证被投资企业的增值最大化。同时,基金管理人还要保护好自己的股权利益,预防一切有损于基金管理人行为的出现。

具体来说,投后管理的类型可以分为两类,如图4-7所示。

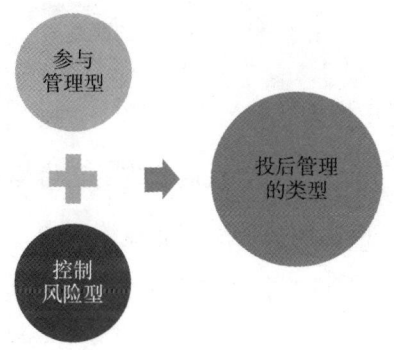

图4-7 投后管理的类型

1. 参与管理型

指的是私募股权投资基金的管理人员参与到被投资企业的日常运营中,对一切可以让企业增值的活动进行监控和协助。

2. 控制风险型

基金管理人会采取一些严密的监督机制,缩小信息不对称所引发的不良影响。

4.2.4 投后管理的要点

PE 机构对被投资企业投后管理的要点,如图 4-8 所示。

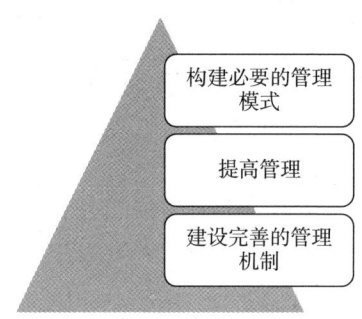

图 4-8 投后管理的要点

1. 构建必要的管理模式

这是非常关键的一步,关系到投后管理的正常运行和风险控制目的是否能顺利实现。在 PE 机构和被投资企业在谈判中,会就这一点特别作出申明。一般来说,投资人需要在正式投资的协议中,注明其相应的管理权利。

普遍会采用的注明内容如下:

(1) 派驻董事:由于 PE 机构一般是进行财务投资而不是控股,因此会派遣董事,但通常只是派驻一名董事,不会掌控董事会,但是会要求其他的管理权利。

(2) 派驻财务负责人:由于投资方和被投资企业之间的信息不对称,因此为防止道德风险,需要派驻财务负责人进行监管,确保 PE 机构投资人的权益。

(3) 派驻其他管理人员。关于这一点的具体调配,要看彼此的协议是如何约定的。

2. 提高管理

PE 投资机构会在被投资企业内设立专门的投后管理部门，配备好专门的投后管理人员，同时职责明确，确保每一个被投资企业都能得到适合的投后管理。

3. 建设完善的管理机制

PE 投资机构必须要长期保持对被投资企业的关注和了解，掌握被投资企业的运营动态，同时要对企业提交的财务报表进行深入分析。一旦发现问题，要及时和企业沟通，同时还需要企业做出解释和相应的办法。

另外，PE 机构的管理人员还要定期参加被投资企业的股东大会，同时对会议上提交的议案进行深入研究。

4.2.5 各轮次的投后管理方式

私募股权投资机构在介入企业发展时，由于企业发展的阶段不一样，因而投后管理的工作也不一样。

其中，从融资轮次来说，每个阶段不同的融资结束后，都有相应的管理侧重点。本小节内容将会从以下几个轮次来进行阐述，如图 4-9 所示。

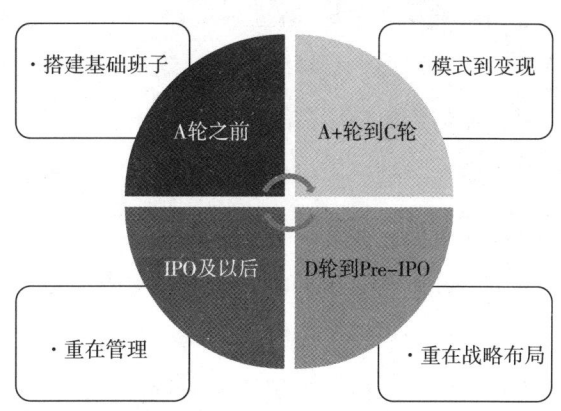

图 4-9　各轮次的投后管理侧重点

1. A轮之前

在A轮之前的企业，通常团队配置并不理想，股权架构也不合理。与其说PE机构投资项目，不如说PE机构更多的是投资团队和创始人。PE机构为了更快孵化出优质项目，就需要帮助企业搭建结构优良的团队，以及在股权方面给出适合的建议。等到A轮结束后，团队和项目可以做到为了后期的爆发打下坚实的基础。

同时，对被投资企业或者项目的商业模式也要进行梳理。例如，处于天使轮的公司需要前期确定核心业务模式，并且有时间去尝试错误，以及纠正方向和模型。等到了A轮后，产品的形态和模式就要稳定下来，这时需要关注的是产品的完备性和稳定性，以及安全性等各方面。

另外，PE投资者还要给企业规划好下一轮融资的时间，最好是在下一轮融资开始之前，企业的运营状况能更上一层，达到不是为了钱而融资，是为了让企业获得更多的发展资源而融资。

2. A+轮到C轮

关于这一轮的投后管理，PE投资方关注点更多的是要放在变现渠道的打通上，也就是企业的盈利模式和盈利点的梳理上。对于天使轮的投资者来说，盈利模式虽然也是考虑的重点，但是到了A+轮以后，这一点变得尤为突出。在A+到C轮以后，合理的盈利模式可以为企业带来更多的流量和现金流，同时企业的造血功能也能启动并且开发出来。

处在这个阶段的企业，融资不仅仅只是找资金，更多的是寻找契合企业文化，寻找符合企业未来投资战略的投资机构，同时也希望投资机构带来的不仅仅是资金上的补充，更是资源上的支持。因而这一阶段的投后管理，重点要放在深入了解和规划企业的未来发展战略上，并且对符合企业未来发展的投资方进行梳理，最终决定适合的投资机构，并且做好互相之间的对接。

3. D 轮到 Pre – IPO

处于这一阶段的企业一般具备了比较成熟的商业模式,也有了属于自己的盈利增长点,而接盘 D 轮或者 Pre – IPO 的一般都需要大体量的资金,因而投后管理在这一阶段的布局上,是要以不断完善产业链,最终为上市做准备。

如果说,企业在发展到 D 轮融资的时候,希望被并购。在此时,投后管理部门就要对接产业内或者是可以形成战略补充的企业,最终协助对接。

4. IPO 及以后

IPO 以后并不代表此时就不需要投后管理了。相反,为了确保企业在上市后能够有效地增长和扩张,保证投资机构的利益,投后管理部门需要跟进财务回访,对必要事件进行披露。

4.2.6 投后管理机构应注意的问题

虽然投资机构都会设置投后部门或者投后体系,但是由不同机构设置的投后管理部门,其职能或者产生的价值差距也很大。主要制约因素如图 4 – 10 所示。

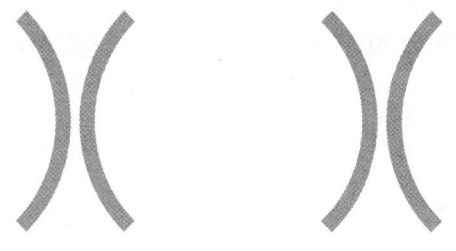

执行力　　　　内部的有效配合　　　　投后管理的正确认识

图 4 – 10　产生投后管理不同价值的因素

1. 执行力

对于创业项目，尤其是早期项目来说，投后管理部门的任何已经确定的举措都是需要尽快实施的。如果周期拖得太长，一来容易对企业的孵化产生不可逆转的影响，二来也容易出现虎头蛇尾的现象。

不过，对于企业来说，也不能过度依赖投后部门，而是应该尽可能地提高自己的执行力，甚至在必要时简化流程，缩短应用时间和管理流程。

2. 内部的有效配合

（1）需要高度重视投后管理这一架构，要充分认识到这一组织结构对于企业来说创造的利益价值，避免投后管理部门沦为一个可有可无的摆设。要做到这一点，除了必要的激励和适当放权以外，更需要从战略层面上提高投后管理部门的价值，争取将这个部门打造成为机构强大的软实力后盾。

（2）对投后管理部门的制度进行流程化。从 PE 机构资金入场到项目的退出，整个过程都是属于投后管理时期。但是这个过程牵涉到的环节比较多，对于中小型投资机构来说，更是要努力划分不同阶段中投后管理部门的不同职责，争取做到为被投资的项目、企业建立完善的内部管理体系，并且可以流程化操作。

另外，投前管理和投后管理也要相互配合，在实力提升的基础上，令投资机构的品牌也获得增值。

3. 投后管理的正确认识

投后管理部门要摆正心态，正确认识自己在被投资企业中所处的位置，正确行使自己的权利和义务。

投后管理的第一角色是服务，要在不影响被投资项目或者企业的正常运营中，降级和控制投资风险，确保企业的增值保值。同时还要尽可能地提供各种管理咨询，完成项目的退出。

4.2.7 影响投后管理的因素

投后管理是一个比较复杂的系统工程,有着不确定因素,其实施的效果也会受到宏观环境和行业生态圈发展的影响。一般来说,投后管理的实施和效果会受到一些主要因素的制约,如图4-11所示。

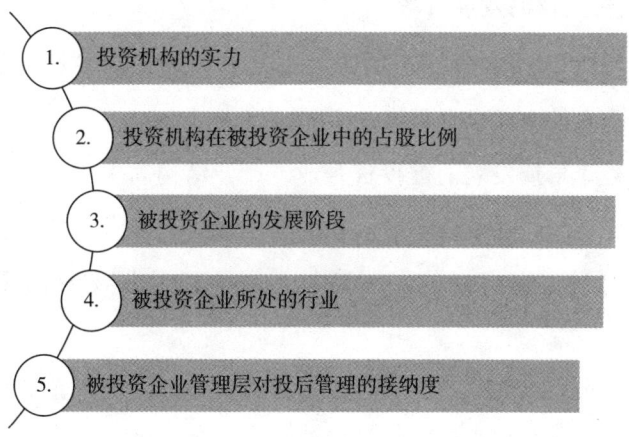

图4-11 影响投后管理的因素

1. 投资机构的实力

投资机构的投后管理工作是否能够顺利展开,除了投资机构需要重视外,其机构的品牌影响力和投后管理能力也需要格外重视。

一般来说,投资机构品牌影响力大,成绩优秀的投资机构更容易获得被投资企业的信任,有利于投后管理工作的运行。反之,如果投资机构声誉一般,投后管理能力有限,则被投资企业会对机构实行的投后管理产生警惕,从而影响到投后管理工作的实行。

2. 投资机构在被投资企业中的占股比例

一般来说,如果投资机构在被投资企业中占股比例比较大,那么在投资时通常可以争取到董事会的董事席位,投后管理的工作可以通过董事会议对于被投资企业的影响来进行。而且，投资机构还能派驻财务总监驻守企业，对被投资企业进行财务上的监管。但如果是投资机构在股权占比比较小的情况下，一来不能取得董事席位，二来对被投资企业的运营状况也掌握不全面，从而不利于投后管理工作的展开，投后监管和增值服务的提供也有比较大的难度。

3. 被投资企业的发展阶段

根据被投资企业所处的不同发展阶段，投资机构对其在投后管理中参与的程度和介入的方式也有很大的不同。

对于正处于早期发展的被投资企业，产业结构尚未完整，上下游的供应链搭建不稳，同时还缺乏资源。在这类情况下，投资机构能否给被投资企业更多的帮助，提出好的发展意见，帮助其运营发展就显得至关重要了。

而对于发展得较为成熟的企业，投资机构一般会给予企业更多的自主发展空间，在必要时提供所需要的增值服务。相对处于早期的被投资企业来说，其介入的程度相对不会那么深。

4. 被投资企业所处的行业

投资机构在对被投资企业进行投后管理的时候，采用何种方式以及参与的程度，一般要根据被投资企业所处的行业领域来决定。例如，被投资企业是在高科技行业，以技术性人才居多，但是在市场和商业化方面经验不足，那么投资机构就要发挥自己的优势，做足这一块的增值服务。

另外，投资机构一般也会选择自己熟悉的行业或者领域进行投资，有利于被投资企业在某一领域内形成生态圈，以利于上下游整合和优化，从而促进被投资企业的运营工作。

5. 被投资企业管理层对投后管理的接纳度

投后管理工作是否顺利展开，除了投资机构的因素，还和被投资企业的经营管理层对投资方提供的服务和帮助所接纳的程度有关。

  如果被投资企业对投资机构信任，愿意将企业在发展过程中遇到的困难和问题与投资机构进行商议和讨论，那么所能享受到的增值服务将会更多、更细致。

4.3 投资项目成功技巧

PE投资除了上述所提到的概念和方法以外,还有一些本土投资人必须要知道的投资方向和原则,帮助自己规避系统性风险,最终在投资实战中取得优秀的投资成绩。

4.3.1 项目的选择原则

项目的好坏直接关系到投资的成败,所以专业的风险投资者和投资基金在项目行业的选择上有会一套共性的投资标准,如图4-12所示。

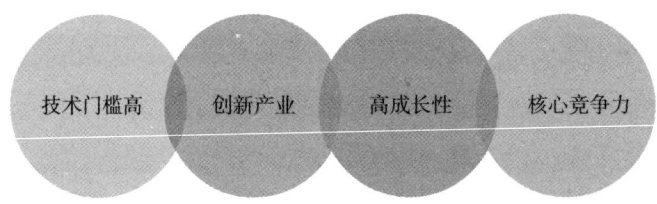

图4-12 投资项目的选择原则

1. 技术门槛高

对于风险投资者来说，项目的技术门槛高，同时又不过分追求"高精尖"的技术，能够提供一种前景广阔的独特产品或者服务，在市场上是有独特优势的。而那些竞争激烈，容易盗版的行业，是风险投资者所避讳的。

2. 创新产业

企业的创新是发展的源动力，只有不断创新的产业才能持续发展。其中，创新有以下几种类型：

（1）整合型。也就是说能够整合不同行业的优势，最终形成创新局面。例如，机电一体化。

（2）连接型。能够起到连接沟通不同行业的作用。例如，软件和系统集成等。

（3）改进型。这是从传统产业演化而来的。例如，现代物流行业等。

因而对于风险投资者来说，没有技术亮点、知识亮点和管理亮点的企业是不投资的。

3. 高成长性

企业项目在市场份额、增长速度、利润空间等方面具有高成长性，才有投资的价值，风险投资者才有可能获得高额回报率。而对于市场份额在1%以下，增长速度是50%以下的企业项目，风险投资者是很少会选择投资的。

4. 核心竞争力

对于企业来说，核心竞争力体现在是否有持续的技术创新、市场拓展、整合区域和全球资源等几个方面的能力。这些体现了企业的综合素质和能力，是企业能否持续发展的关键。

对于风险投资者来说,他们是不会选择投资相似者众多,没有远大志向的企业的。

4.3.2 PE 投资的行为七准则

PE 投资除了要掌握投资技巧,还需要掌握以下几条准则,在提高自我素养的基础上不断提升投资能力。如图 4-13 所示。

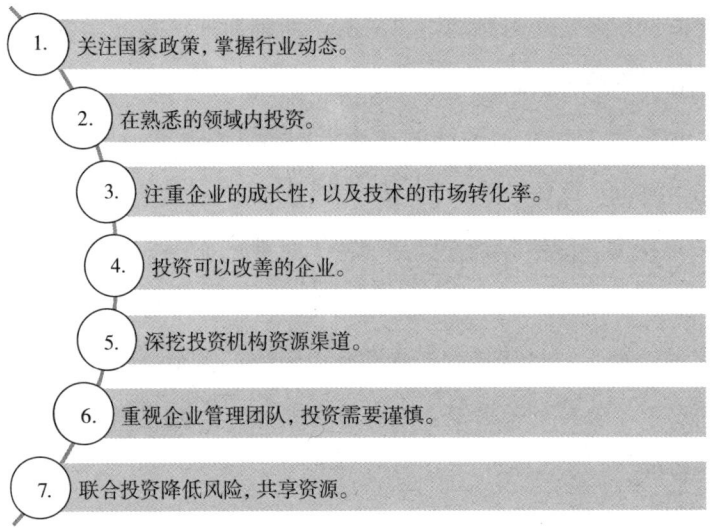

图 4-13　PE 投资的行为七条准则

1. 关注国家政策,掌握行业动态

由于国家的每一次政策调整都会催生出很多新的投资机会,同时也会对原有的投资领域带来一些重大的不利影响,因而对于投资者来说,根据国家政策和行业动态来调整自己的投资方向是必需的。

例如,新能源行业一直是国家扶持的项目,这几年也出现了很多优秀的公司,但是其中的太阳能和风能领域却因为产能过剩而受到政策限制。即使是国家扶持项目,其中也有被限制的类别,所以对于投资者来说,在投资新能源项目的时候需要看准投资方向。

另外，关注国家政策还有一个很重要的方面，那就是对国外资本市场会有一个前瞻性的研究。对于 PE 投资来说，投资的方向和退出是盈利的保证，但几乎每一次 PE 行业陷入低潮都是由资本市场的深度调整所带来的。因而只有跟着政策走，把握好未来的趋势，PE 投资才能获得比较好的回报。

2. 在熟悉的领域内投资

本土 PE 面临的一个比较大的问题就是专业化程度不够高。本土 PE 的泛投资现象比较多，基本上只要是启动上市程序的 Pre-IPO 项目，就会被 PE 投资者盯上。但根据国外 PE 发展的历程来看，PE 的发展最终是落在专业化的竞争上，而不是单纯的对数字和报表进行判断后的投资。

PE 要想成为一个专业的投资机构，首先需要关注自己熟悉的领域，同时在行业的大方向的发展上，对每一个细分的类别进行筛选，找到市场空间大的重点投资领域。

对于一些专业化程度比较强的行业，例如生物制药等，哪怕成长性再好，如果缺乏专业知识，PE 投资者就会觉得非常吃力，甚至有可能因为不够深入了解行业，导致投资失败。

3. 注重企业的成长性，以及技术的市场转换率

对于 PE 投资来说，只有投资成长性高的企业才能收获更多。不管企业是否达到投资标准，成长性始终是核心。

因而对于科技型企业，技术的创新性以及不可替代性是至关重要的。而对于运营型企业来说，是否有一支优秀的管理团队是关键。

但是，对于企业来说技术并不是代表专利，也不代表市场。如果企业过分追求"高精尖"，很有可能不利于产品的商品化，甚至错失市场。

对于 PE 投资者来说，其实市场比技术更重要，只有当企业的市场有

巨大的发展空间，而技术又能支撑这一空间时，企业才是真正值得投资的，具有反战潜力的。

4. 投资可以改善的企业

PE 投资者投资企业，并不是说为了改变企业，而是从改善企业现有的经营中，获得企业利益增长后的部分收益，从而实现 PE 投资的最终目的。

因而 PE 投资者在寻找企业的时候，关键不是找到完美的企业，而是找到有办法可以改善的企业，通过有效的解决办法，让企业得到改善和提升。

例如，有的企业正处于新旧行业的转换中，如果 PE 投资者认为这个企业的问题是自己可以解决的，那么 PE 的作用就在于帮助企业找到商业模式改进的方式，从而让老企业焕发出新的生命力。

但如果说企业的问题是顽疾，是 PE 投资者没办法解决的，那么这些企业就不适合投资。例如，辖制企业发展的核心问题是企业管理人，在没有办法沟通和改变的情况下，PE 投资者只能放弃投资。

5. 深挖投资机构资源渠道

当几家 PE 投资者同时竞争投资一个项目时，被投资方往往要求投资者回答"除了能够给企业注入资金，还能为企业做些什么？"等这类问题。

这样的情况多数是发生在成熟的，有着很好发展前景的企业中。在各家 PE 机构能提供大笔自己需要的资金外的价值就越发凸显。因而构建自己的服务体系，整合资源能力，为被投资企业提供额外的价值，将成为 PE 机构的一个很重要的竞争力。

6. 重视企业管理团队，投资需要谨慎

目前本土的绝大多数 PE 投资者存在一种观念，只要企业能上市，之前的投资就一定会有收益，而企业本身的实力和能力是可以放在后面考虑的。

事实上，只有经营好企业，IPO才是顺理成章的结果。虽然目前看起来一级和二级市场的差价能为PE投资者带来相对丰厚的资本市场回报，但随着资本市场的发展，这种简单的红利未来也极少会再发生。只有返回到经营企业这一根本上，才能判断企业究竟是否有投资的价值。

要做到经营好企业这一点，企业团队的因素不容忽视。一支好的团队，足以带领企业避开发展中遇到的各种无法预测的风险，为企业的发展保驾护航。例如，阿里巴巴早期的十八罗汉团队就是一个很好的证明。

所以，PE在投资前就要重视企业团队的构成和素质，即使是夫妻合伙的企业，也要调查清楚婚姻的稳定性。同时，投资后要密切注意企业团队在企业运营中的心态和管理变化等，防微杜渐，从源头处把握好企业的发展。

7. 联合投资降低风险，共享资源

与国外的PE投资机构不同，本土的投资机构资金规模小，融资能力相对比较弱。而且PE投资者对投资项目的成功率要求比较高。如果连续投资几个项目都失败了，这会对后面的融资造成很大的负面影响，甚至对PE投资机构的存亡产生不可逆转的影响。

在实际投资中，除了要投资谨慎外，PE机构还可以采用联合投资的方式，一来可以降低投资风险，二来可以实现资源共享。

由于PE不同，所具有的特色、资源和服务能力也都不同。在联合投资后，利用彼此的关系网络、专业经验等，扩大项目来源，提高投资效率，为企业提供更多的增值服务。

例如，当年深圳创新投、达晨创投等多家机构联合投资同洲电子，投资者以各自的资源为其提供服务，最终使企业获得持续发展并且成功上市。

4.4 私募股权投资 PPP 项目的应用

自 2014 年年底至今，国家接连出台一系列的 PPP（Public Private Partnerships）模式政策法规，引发了资本市场上私募股权投资基金直接和政府合作的 PPP 热潮。

根据《国家发展改革委关于开展政府和社会资本合作的指导意见》的定义，政府和社会资本合作模式（PPP）是指政府为增强公共产品和服务供给能力、提高供给效率，通过特许经营、购买服务、股权合作等方式，与社会资本建立的利益共享、风险分担及长期合作关系。

PPP 模式是由社会资本承担市政工程建设的设计、建设、运营、维护基础设施等工作，并通过"使用者付费"及必要的"政府付费"，获得合理的投资回报。

4.4.1 私募股权投资 PPP 项目

2014 年 12 月，财政部公布 30 个 PPP 示范项目，总投资约 1800 亿元。2015 年 5 月，中华人民共和国国家发展和革命委员会在门户网站公开发布1043个PPP项目,总投资达1.97万亿元。12月16日又发布了第二批PPP推介项目,共1488个项目,总投资高达2.26万亿元。同时,还对第一批PPP项目进行了更新,总投资1.24万亿元。

自中国邮政、中信集团等金融集团参与PPP项目后,各类私募股权基金和产业基金也纷纷进入市政项目中。例如中国城市轨道交通PPP产业基金、中正巫家坝棚改基金等。

对于PPP项目来说,私募股权融资比其他融资渠道更具有优势,如图4-14所示。

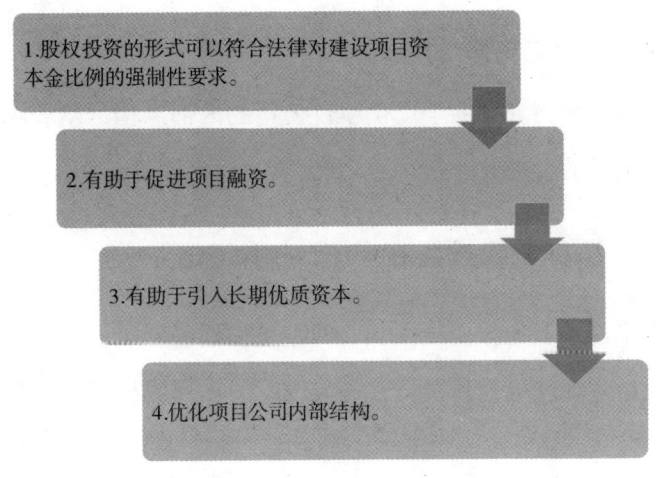

图4-14　PPP项目私募股权投基金资融资优势

1. 股权投资的形式可以符合法律对建设项目资本金比例的强制性要求

这是私募股权投资PPP项目的最显著优势之一。其他金融机构的直接股权投资会受到法律法规的诸多制约。

例如,银监会要求信托公司持有被投资企业股权不超过五年,保险机构的直接股权投资对象仅限于金融机构或者是和保险业务紧密相连的医疗、汽车、养老企业等。

2. 有助于促进项目融资

银行对于建设项目的融资大都需要抵押、质押或者股东担保之类，而股权融资可以降低项目的资产负债率，促进项目融资的发展。

3. 有助于引入长期优质资本

私募股权投资基金通过本身结构的优化和内部管理机制的提高，引入一批优质资本，如社保资金、保险资金等，可以满足PPP项目长期的、大量的资金需求。

4. 优化项目公司内部结构

私募股权基金融资有助于优化项目公司的内部结构，培养项目的专业人才，提升项目的管理效能。

4.4.2 私募股权投资在PPP中的定位

由于PPP项目具有投资期限长、回报率偏低的特点，同时重视和政府的关系以及运营管理等，其操作方式与传统的私募股权投资基金模式差别很大。

在现行法律体系下，根据私募股权投资基金本身的特点，在介入PPP项目时可以有以下两种身份定位。

1. 社会投资人身份

私募股权投资基金以社会投资人身份介入PPP项目，可以强化对项目环节的掌控力，同时通过对项目的管理，从源头上把握项目、降低成本、控制风险，最终达到提高收益的目的。

若想获得介入PPP项目的社会投资人身份，私募股权投资基金还需要做好充分准备，其中最主要的有以下几点：

（1）遵守政策法规，通过竞争性政府采购程序成为正式的社会投资人，而且项目的合作期限不得低于十年，期间还不能以回购和保底承诺等方式进行变相融资。

（2）做好项目的前期谈判时间长，成本高的心理准备。通常PPP项目会比普通项目的谈判高出几十个百分点。

（3）需要具备比较高的项目管理能力。由于PPP项目动辄合作十年以上，甚至很多项目的合作期限会长达几十年，因而作为投资人的私募股权投资基金必须要有能力协调好项目建设运营时产生的各种问题。

2. 财务投资人身份

所谓财务投资人，指的是私募股权投资基金只是负责给PPP项目提供融资，项目的其他事宜都不承担和参与。

此时，私募股权投资基金在PPP项目中扮演的角色，仅仅是作为借款人提供全部或者部分项目建设资金。由于PPP项目一般需要的资金量比较大，因而财务投资人会有好几家金融机构。

以财务投资人身份介入PPP项目，对于私募股权投资者来说，既可以不用承担项目的整体运营风险，也不用参与到竞争性的采购程序中，具有责任轻，前期成本低，退出容易的优点。但是缺点也是显而易见的，由于身份只是财务投资人，所以私募股权投资基金对项目的整体把控力会比较低，很难从源头上控制项目的风险，也没有办法从项目管理提升所带来的超额收益中获得利益。

4.4.3 私募股权投资基金介入PPP的经济收益

由于目前PPP项目的投资回报率普遍低于私募股权投资项目，因而很多资金不愿意进入。同时，PPP项目投资时间长，一般最少是十年，普遍是二三十年，因而如果缺乏有效的退出渠道，国内很多资金方是不愿意介入的。

在可预计的将来,如图4-15所示的这些情况都会得到改善。

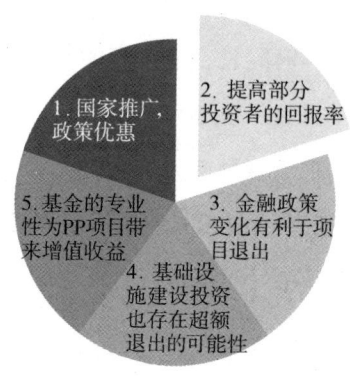

图4-15 私募股权投资介入PPP投资的经济合理性

1. 国家推广,政策优惠

以2014年发布的30个国家级PPP示范项目为例,项目的收益率普遍在6%以上,基本介于6%~8%之间。因而在国家推广PPP模式的态势下,使得社会资本获得合理回报是必然的。

2. 提高部分投资者的回报率

由于PPP项目一般会有可以预估的现金流,因而通过对现金流的划分,可以对项目的结构进行更为合理地划分,按照风险等级的收益形成不同的结构化产品和结构化基金份额。

通过对交易结构更为合理地设计,不但可以使金融配置更为有效,还能灵活调整投资风险和收益的关系,从而使得部分投资者获得更高的收益,甚至可以获得溢价回报。

例如,澳大利亚的麦格理基金在2006年时,基础设施类基金的管理规模为990亿美元;而其管理的麦格理机场基金和澳大利亚基础设施基金的回报率分别为24.7%和18.1%,远超于作为基础资产的回报率。

3. 金融政策变化有利于项目的退出

PPP 项目的投资往往是基础设施，而基础设施通常是有着稳定的现金流，这类资产可以通过资产证券化的形式产生流动性，因而随着 IPO 注册制的实施，基础设施类投资通过股权上市的形式也成为了可能。

4. 基础设施建设投资也存在超额退出的可能性

通过基金公司的专业化判断，是可以识别出高收益的项目。

一般来说，项目在建设期内风险系数比较高，而在运营期内风险系数相对比较低，因而基金如果在建设期以比较高的折现率进行投资，随后在项目处于运营期内以比较低的折现率退出，就会获得比较好的回报。

另外，当项目进入运营期后，通过资产证券化的手段向公开市场发行，可以借助公开融资进一步降低成本。

5. 基金的专业性为 PPP 项目带来增值收益

在 PPP 项目中，国家倡导效果付费的收益共享模式，因而使得投资 PPP 项目所获的收益将不再是完全固定的，而且这种模式下的收益风险仍然远小于对企业的股权投资。

同时，通过基金积极有效的项目后期管理，在项目的团队建设和资产进行技术、财务结构上的改造，还能为项目创造价值上的增值。

例如，以麦格理基金为例，在进入悉尼机场的 PPP 项目后，麦格理基金开始对机场的布局和安全等方面进行一系列的改造，令机场收入不断攀升，位列全球机场第二位。

4.5 私募股权投资和特色小镇

2016年10月，国家发展和改革委员会发布的《关于加快美丽特色小（城）镇建设的指导意见》（以下简称"指导意见"）中对特色小镇的定义是："特色小（城）镇包括特色小镇、小城镇两种形态。特色小镇主要指聚焦特色产业和新兴产业，集聚发展要素，不同于行政建制镇和产业园区的创新创业平台。特色小城镇是指以传统行政区划分单元，特色产业鲜明、具有一定人口和经济规模的建制镇。"

作为一种投资量巨大、投资时间长，短期内还看不到产出效益的大型投资项目，在项目前期是没有多少资产可以抵押贷款的，因而特色小镇的开发融资多数以股权融资为主。而私募股权投资机构在投资前需要对项目进行详尽地投资预测，并且确定项目最终的投资运营模式，同时还要确定资金的进入和退出路径。

4.5.1 私募股权投资特色小镇的几种形式

就目前进入特色小镇的融资媒介而言，私募基金融资是比较好的资金渠道。首先，配套的项目资金可以通过多种融资模式解决；其次，整个交易模式中需要考虑的就是资金进入后的退出形式，这也是最重要的一环。对于政府购买的服务项目，是可以直接退出的。而对于有持续现金流产出的项目，利用一二级交易市场退出是一种比较好的模式。

具体来说，特色小镇最经常使用基金融资形式，如图4-16所示。

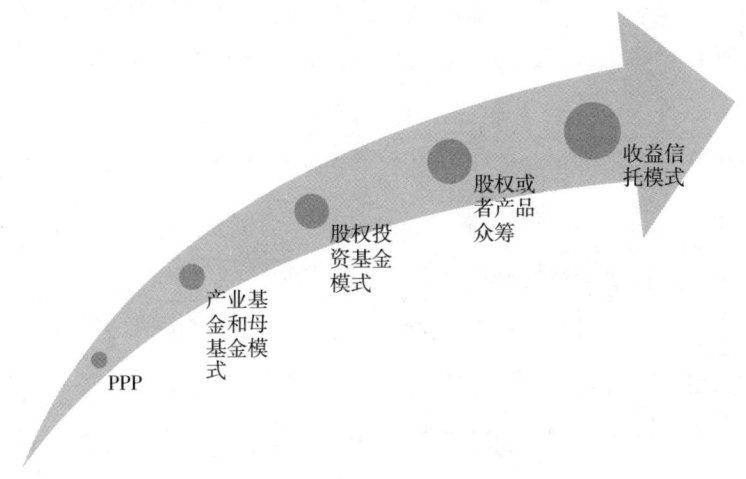

图4-16　特色小镇最经常使用的基金融资模式

1. PPP

首先，政府会和选定的社会资本签订《PPP合作协议》，按照出资比例来建立项目运作公司，并且制定《公司章程》；其次，通过政府特许项目运作公司的经营权，公司负责提供特色小镇建设运营的一条龙服务。

在特色小镇的项目中，社会资本和金融机构在PPP项目合同约定的经营范围内，参与PPP的投资运作。在特色小镇建成后，通过股权转让的形式实现收益。

2. **产业基金和母基金模式**

产业基金在进入特色小镇项目时，根据融资结构的主导地位，一般分

为以下几种类型:

(1) 以政府为主导。

通常是由政府财政部门发起,银行、保险等金融机构和其他出资人共同出资成立产业基金母基金。其中,政府作为劣后级出资人,承担了主要的风险。特色小镇的具体项目需要金融机构的审核,也需要政府机构的审批。基金管理人可以是由基金公司(公司制)或者PPP基金合伙企业(有限合伙制)自任,也可以另行委托基金管理人管理基金资产。

(2) 以金融机构为主导。

一般是由金融机构联合地方国企成立基金,专注于投资特色小镇。在这种模式下一般是金融机构做LP,优先级。而国企是做LP的次级,同时金融机构委派指定的股权投资基金做GP。

(3) 以社会企业为主导的PPP产业基金。

这种形式下,企业是重要发起人,通常是大型实业类企业为主导。在这种模式中基金的资信度和风险全部由企业承担,但是企业投资的项目依然是政企合作的PPP项目,政府会授予企业特许经营权,企业的运营模式灵活性比较大。

3. 股权投资基金模式

对应于特色小镇建设的企业所处的阶段,有种子期、初创期、发展期、扩展期,以及上市期,股权投资基金也可分为天使基金、创业投资基金、并购基金和夹层资本等。

4. 股权或者产品众筹

众筹模式可以为特色小镇运营阶段的创新项目募集到一定的资金。众筹的标的可以是股份,也可以是特色小镇的产品或者服务。

股权众筹指的是公司面向普通投资者,出让一定比例的股份。而投资者通过出资认购入股公司,获得未来收益。

5. 收益信托模式

指的是特色小镇项目公司通过委托信托公司向社会发行信托计划，募集信托资金后统一投资于特定的项目。收益则是从项目的运营、政府的补贴以及收费等模式中获得。

4.5.2 特色小镇基金的设立和运作

特色小镇基金设立的组织形式一般是有限合伙制，通常是实业资本牵头，联合金融机构发起设立的基金。在实际运作中，特色小镇基金的运作模式如下，如图 4-17 所示。

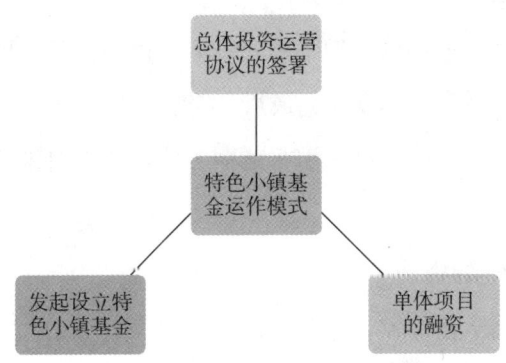

图 4-17 特色小镇基金运作模式

1. 总体投资运营协议的签署

基金发起主体要和政府签署特色小镇的总体投资运营协议，明确项目是 PPP 模式还是 PPP 模式+政府购买服务模式。同时，在协议中要明确发起基金的有关事宜以及基金做为整体项目的投资运作主体。

在这份投资运营协议中，必不可少的内容包括项目的投资范围、运营范围、特许经营权的授予、核心的交易模式、投资商及政府各自的责任和义务、项目的退出机制以及各自的违约责任。

然而，由于特色小镇自身的特点，其经营性项目的经营利润很难全面覆盖投资成本，因此出现了"PPP 模式 + 政府购买服务模式"的结构模式。

2. 发起设立特色小镇基金

在确定特色小镇基金的组织形式后，由实体资本发起设立特色小镇基金，此时基金的 LP 通常包括实业资本，政府指定机构和金融机构。

基于特色小镇是长期运作的项目，以及日后的退出等问题考虑，特色小镇基金分别设立两个平台公司，一个是经营项目的性质，包括准经营性项目的操作平台公司；另一个是政府购买服务项目的操作平台。其中，设立的平台公司是单体项目的实际运作主体。

由于 PPP 模式 + 政府购买服务模式，需要遵循的是不同的法律和政策体系，因而在两个平台公司设立完成后，需要分别和政府指定机构签署具体的 PPP 投资运营协议，以及政府采购服务协议，同时细化两类项目的相关约定。

3. 单体项目的融资

在单体项目的公司设立完成后，需要根据项目类别的不同，有针对性地采用适合的融资形式，其中包括发行金融贷款、传统银行贷款、发行公司债券、项目收益债券等，以各金融媒介的组合提供项目投资运营所需的资金。

4.5.3　特色小镇基金的退出方式

特色小镇基金根据不同类型的项目，其退出方式也不同，如图 4-18 所示。

1. 关于政府购买服务项目的退出

这种类型的退出是相对简单的。

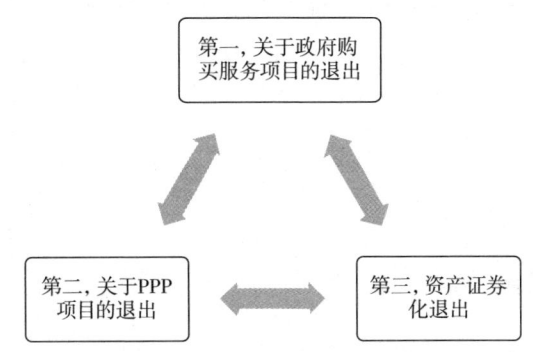

图4-18 特色小镇基金的退出方式

(1) 在实业资本和政府指定机构签署投资运营协议,以及针对具体项目的政府购买服务协议等相关协议时,将政府购买服务的支出列入财政预算,并且注明在该项服务完成后,政府指定机构需要向政府购买服务项目的平台公司支付单体项目的相关款项。

(2) 在平台公司收到支付款项后,根据《中华人民共和国公司法》的运作机制,股东分红的形式将该部分利润分配给基金,再由基金按照有限合伙协议约定分配给LP和GP。

2. 关于PPP项目的退出

PPP项目的退出包括项目公司的上市和股权转让等形式。但由于上市流程时间长,要求多,因而公司短时间内完成上市的流程难度较大。而项目公司的股权转让,虽然也是基金的一种重要退出方式,但是由于这类项目投资都很大,能够负担得起这笔资金的投资人并不多,因而这种退出方式受到的辖制比较大。当项目公司股权转让完成,且基金公司收到相应的股权转让款项后,会按照之前的有限合伙协议约定,分配给LP和GP。

3. **资产证券化退出**

这种形式的退出,主要是指PPP项目在进入运营后,通过使用者付费，政府财政补贴等模式，将资金通过股权分红形式汇集到经营性平台公司，产生稳定的现金流，从而使得PPP项目资产证券化的条件，最终得以顺利退出。

第 5 章
尽职调查、科学估值才能做出更佳决策

在私募股权投资流程中,尽职调查和对目标企业的估值都是不可或缺的重要环节。尽职调查的根本原因在于信息不对称,融资方的情况只有通过详尽且专业的调查才能清楚了解。

5.1 尽职调查

尽职调查又称谨慎性调查,是指投资人在与目标企业达成初步合作意向后,经协商一致,由投资人对目标企业的一切与本次投资有关的事项进行现场调查、资料分析的一系列活动。PE 投资机构通常会根据尽职调查的结果,对目标企业进行客观评价,形成尽职调查的报告,而投资委员也会根据尽职调查和风险控制报告,做出投资的相关决策。

5.1.1 尽职调查的目的

PE 机构在投资前对被投资企业进行尽职调查,可以解决两者之间信息不对称的现象。具体来说,通过对被投资企业进行尽职调查,可以解决以下几个问题,如图 5-1 所示。

1. 发现被投资者的内在价值

对于投资方和融资方来说,由于各自是站在不同角度去看待企业,两者会出现认识上的偏差。如融资方很可能会高估企业的价值,因为企业价值不只是局限于目前的账面价值,还有企业未来的发展价值。因而如何正

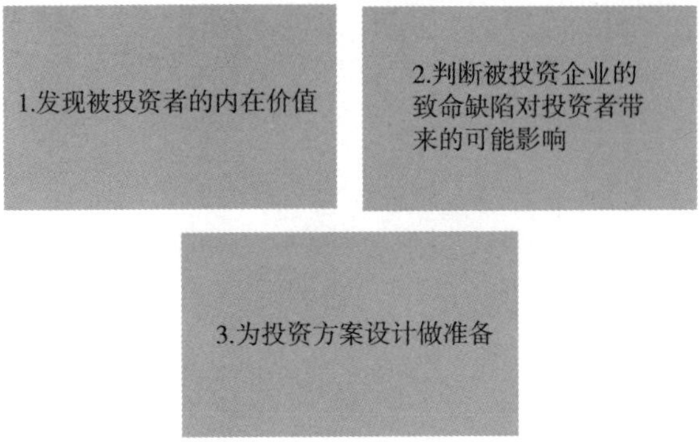

```
┌─────────────────┐      ┌─────────────────┐
│ 1.发现被投资者的 │      │ 2.判断被投资企业的│
│   内在价值      │      │   致命缺陷对投资者│
│                 │      │   带来的可能影响 │
└─────────────────┘      └─────────────────┘

         ┌─────────────────────┐
         │ 3.为投资方案设计做准备│
         └─────────────────────┘
```

图 5-1 尽职调查的目的

确认识企业价值,要建立在公正客观的尽职调查基础上。

2. 判断被投资企业的致命缺陷对投资者带来的可能影响

对于投资者来说,风险管理的第一步就是尽职调查。不管什么项目或者企业,都会存在各种各样的风险。例如,当 PE 机构投资以后,被投资企业的主要客户是否还会被保留;用在估值环节的财务账册是否可信;被投资方所展示出来的资产是否符合相应的价值等。

这些都是潜在的风险点。而尽职调查就是在摸清融资企业真实状况,使 PE 机构能更好地作出投资决策。

3. 为投资方案设计做准备

由于信息的不对称,投资方对于被投资企业的各项风险点并没有很好地了解。而通过尽职调查,可以在最大限度上弥补双方在信息获知上的不平衡。只有明确被投资企业存在的风险和问题,才能有的放矢地设计出比较好的投资方案,同时对彼此双方的权利和义务有一个很清楚的规定。

5.1.2 尽职调查的范围

尽职调查的范围主要分为以下几大板块,如图 5-2 所示。

第5章 尽职调查、科学估值才能做出更佳决策

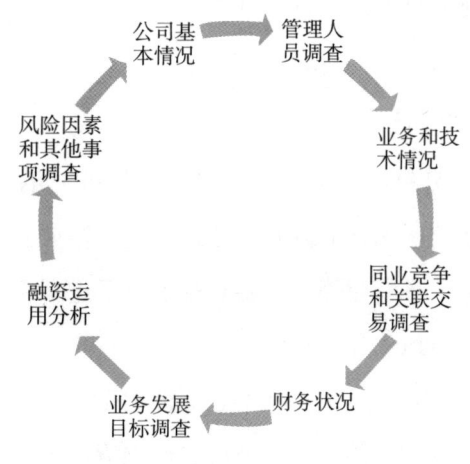

图 5-2 尽职调查的范围

1. 公司基本情况

主要是从公司设立情况入手,需要了解并且核实公司注册情况,核查公司工商注册登记的合法性和真实性,同时也要走访相关部门和中介机构。

另外,对于公司历史沿革问题也要详尽调查,包括公司历年来的业务经营情况记录,以及年度检验、年度财务报告等,都需要核查是否存在遗漏等情况。

同时,还要了解公司主要股东的背景,他们相互之间的关联关系,以及弄清楚控股股东最近三年的变化情况和未来潜在的变动可能。

2. 管理人员调查

需要调查管理人员的资质以及任职情况,尤其是要了解高管人员之前在其他公司的任职情况、规范运营情况和该公司的经营情况,从中分析出高管人员的胜任能力;通过和高管人员的沟通交流,调查公司为高管人员指定的薪酬方案和股权激励方案;调查高管人员在公司内部和外部的兼职情况,分析其兼职是否会对工作效率和工作质量产生影响;需要分别和董

事长、总经理、财务负责人、技术负责人和销售负责人等进行交谈，了解高管人员的业务能力。

3. 业务和技术情况

（1）在行业情况和竞争情况上，需要了解行业的监管体系和政策趋势，同时要对行业的市场环境做好充分地调查，需要熟知市场容量、行业壁垒、利润水平和未来变化等，还要对竞争对手进行情况分析，总结公司在行业中所处的竞争地位和变动情况。

（2）要和采购部门、主要供应商进行及时沟通，了解公司主要原材料市场的供求状况。同时，还要掌握公司主要供应商的材料，并根据最近三年的采购数据，总结出是否存在对某一供应商特别依赖的情况，以及判断公司原材料和价格的稳定性。

（3）要对公司生产流程和核心技术进行分析，评价公司技术在行业中的领先程度，并且对生产的环境保护方面的投入以及未来的投入情况，核查是否有存在污染排放等问题。

（4）要对公司的核心技术情况进行调查。一来判断技术是否存在纠纷或者侵犯他人知识产权的情况；二来要清楚公司在研发方面历年投入的费用占主营业务收入的比重，同时要对公司的研发能力进行分析。

（5）要与公司销售部门进行沟通，了解公司产品的市场销售和需求状况，同时要取得公司对主要客户的销售额占年度销售总额的比例和汇款情况。

4. 同业竞争和关联交易调查

通过走访生产、销售部门，以及与公司管理层的沟通交流，了解公司实际业务范围；根据其业务性质和市场上公司产品的可替代性等情况，判断同业竞争状况；需要对公司的关联方和关联关系进行调查。

5. 财务状况

(1) 基本财务数据分析。

主要是从公司历年财务报告中，搜集到能够反映公司财务基本状况的财务数据。例如资产、负债等。

(2) 财务比率分析。

通过计算公司的各年度毛利率和资产收益率，以及净资产收益率、每股收益等，综合判断公司的盈利能力。同时，结合公司的年度资产负债率等数据，在衡量银行的资信状况、融资渠道，以及授信额度或有负债的情况下，判断公司的偿债能力。

(3) 纳税情况。

根据公司的纳税资料判断公司所缴纳的税款是否符合现行法律、法规的要求，并核实公司享有的财务或税收优惠补贴，是否符合财政管理部门和税收管理部门的有关规定。

(4) 盈利预测。

结合国内外宏观经济形势，以及行业内的发展趋势和市场竞争状况，通过对公司编制盈利预测所依据的资料和盈利预测假设，综合判断公司盈利预测的合理性。

6. 业务发展目标调查

(1) 发展战略。

从公司的发展战略策划资料、董事会会议纪要和各种相关文件中，分析公司是否有清晰明确的发展战略，实现战略目标的方式、手段，以及各方面的计划等。

(2) 经营理念和经营模式。

通过与企业创始人、高管人员、员工，以及供应商和主要销售客户谈话等方式，了解公司的经营理念和经营模式，并分析该理念和该模式对公司发展的影响。

(3) 历年发展计划的执行和实现情况。

从公司的年度报告等资料中,调查到公司各年度计划的执行和实现情况,并分析高管指定经营计划的可行性和实施计划的能力。

(4) 业务发展目标。

根据公司未来2~3年的发展计划和业务发展目标等资料,调查未来行业的发展趋势和市场竞争,最终判断公司未来发展目标和发展战略是否一致。

7. 融资运用分析

根据公司融资项目的决策文件和项目可行性分析报告,结合项目在环保、土地等方面的安排情况;研究其他同类企业对同类项目的投资情况和变化情况;分析融资数量是否与公司业务发展目标相匹配;预计达产的时间和预测基础是否合理。

8. 风险因素和其他事项调查

从政府文件、专业机构报告等资料中,了解公司所在行业的产业政策以及未来发展方向;分析公司发生重大变动或者历次重大时间的相关资料;参考同行业企业发生的重大变动事件,分析这些变化可能对公司带来的主要影响。如果判定出是对企业有重大风险,需要进行专项核查。

另外,对公司的重大合同真实性、合法性和潜在风险进行排查核实,重点核查合同的签订是否履行内部审批程序,是否超越权限决策。同时,分析重大合同履约的可能性,并关于如果不能履约,一旦违约会对公司产生的影响。

调查的范围还包括对公司所有对外的担保合同;调查公司实际控股人或者控股子公司,高管等是否有重大诉讼;是否存在涉及刑事诉讼的情况。如果有,需要衡量是否对公司经营产生重大影响。

5.1.3 尽职调查流程和方式

尽职调查的流程一般包括定制调查计划、搜集信息和资料，起草尽职调查报告和风险控制报告，以及进行内部复核、设计投资方案这几个阶段。其中，被投资企业信息的调查和搜集最为重要。尽职调查团队通过各种渠道搜集到被投资企业的资料，在通过验证的基础上，最终形成尽职调查报告和风险控制报告。

而尽职调查中，获取被投资企业相关的信息，可以采用以下几种方式，如图5-3所示。

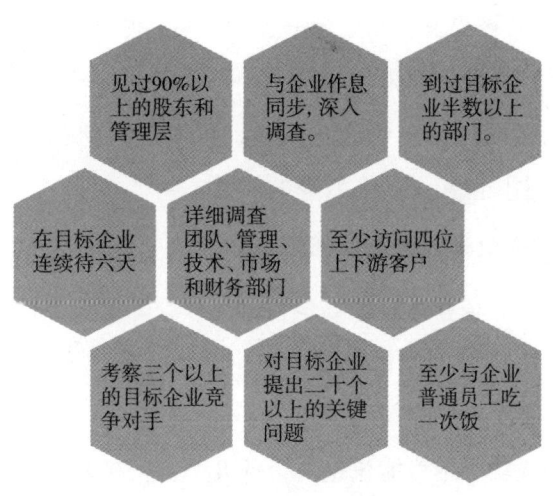

图5-3 尽职调查方式

1. 见过90%以上的股东和管理层

PE机构在和被投资企业洽谈时，总是会习惯性的和实际控股人接触，而忽略了与小股东的沟通。事实上，如果能重视和小股东的沟通，往往会得到很多大股东不会透露的信息。

另外，在做尽职调查的时候，也要多和管理层沟通访谈，尤其是依靠管理的企业，要特别重视行政、财务、人力资源、后勤等部门的管理人员。

例如，有的企业看起来架构设置比较多，但根本上却是"一个人的公司"。也就是说，公司的管理部门都是架空的，主要的决策还是董事长一个人说了算。或者，董事长和管理层责权不清，人员流动性很大。

这种企业在宏观经济比较好的情况下，可能会发展得不错，但是一旦竞争加剧，或者国家政策有所调整，就很难适应过来，且会面临比较大的风险。

2. 与企业作息同步，深入调查

PE投资者在对被投资企业进行考察的时候，可以从一个企业上班那一刻开始，就感受到企业的活力和朝气。

投资者选择和被投资企业作息同步，可以观察到企业员工的精神状态，这从另一面也反映出了企业管理的效果。

3. 到过目标企业半数以上的部门

投资者在对目标企业进行现场走访的时候，除了要关注核心部门，例如研发、市场、生产等部门，还要走访企业的办公、仓库、物流等部门，以便对企业有一个全面和客观的了解。

一家企业的成功，不可能只是一个或几个部门的功劳，更多的是部门之间的协调性，以及对决策层下达命令的执行度。因而走访超过目标企业半数以上的部门，有助于了解企业的运转和各部门之间的默契度。

4. 在目标企业连续待六天

PE投资机构对于目标企业的尽职调查，要尽量做到全面深入，而连续在目标企业待上六天是很有必要的。通过这种形式，投资者可以看到企业日常的运行状态，以及通过员工对待上班和加班的态度来感受到企业文化、业务和生产情况。

5. 详细调查团队、管理、技术、市场和财务部门

尽职调查需要找准企业的关键点，突出调查的重点。对于企业来说，最关键的因素不外乎是"团队、管理、技术、市场、财务"这五个要点。

投资企业，投的是企业的未来。企业团队的凝聚力和管理能力对企业的发展至关重要。因而在对企业进行管理水平的考察时，一般会重点调查企业制度的完善性和覆盖面，以及制度的执行力等方面。

而技术层面，就是对企业所有权和法律效力，以及技术的产业化程度和后续研发能力进行详尽调查。

对市场的调研，侧重于产品在市场的地位和竞争度；对财务方面的调查，则是重点在于核查财务状况，以及财务的合规性等方面。

从对投资负责的角度来看，PE投资者对这五个要点下大功夫进行调查，是非常有必要的，能降低相当大的投资风险。

6. 至少访问四位上下游客户

对目标企业的尽职调查范围，还应该扩大到企业的生态圈。一般来说，至少要包括上游供应商和下游客户，并且至少上下游分别选择两个样本企业。

对供应商的调查主要是集中于和企业的供应关系，合同之间的真实性和数量，以及期限和结算方式都要做完整的调查；对下游客户的考察，除了对其与企业之间的销售合同的相关资料进行核查外，还要听取客户对企业和对营销方式的评价等。

对于PE投资机构来说，企业产品的竞争力，最真实的莫过于客户的评价。

7. 考察三个以上的目标企业竞争对手

选择与企业相关度最高的三个以上的竞争对手做对比。通过优劣势的分析后，可以发现目标企业的竞争优势和不足，有助于PE机构的投资决策的判定。

8. 对目标企业提出二十个以上的关键问题

在对目标企业尽职调查的时候,要保证每一次去现场访谈企业不同人员都能提出二十个不同的关键性问题。这些问题都要在去企业之前准备好。

提问是尽职调查的一个非常实用的小技巧。通过不同问题的回答,往往能挖掘到企业很多真实情况。

9. 至少与企业普通员工吃一次饭

利用非正式的和员工交流的机会,对于依靠人力资源和管理的企业,能了解到更多的真实反映企业的情况。这远不是目标企业的商业计划书所能带来的信息。

5.1.4 尽职调查需要遵循的原则

对于 PE 投资者来说,尽职调查是其在作出风险投资决定前必不可少的功课之一。在做尽职调查时,一般需要遵守以下几项原则,如图 5-4 所示。

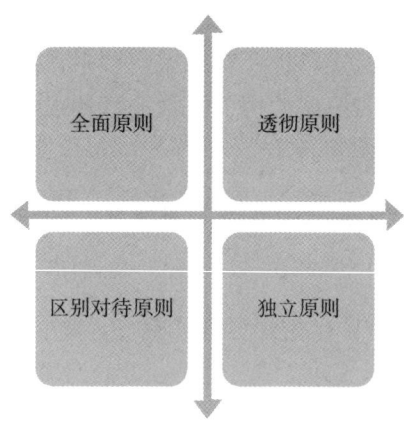

图 5-4 尽职调查原则

1. 全面原则

指的是调查的内容要全面覆盖。包括企业的组织形式、企业的沿革、合法性、股东的构成和变更,以及内部治理结构、下属机构和关联企业等。

同时,对于企业的权利也要进行调查,包括企业所有权、担保物权、知识产权等。而企业的义务,例如银行贷款、借款,或者正在进行的诉讼等都要调查清楚;劳动人事、股东性质和股东背景等都需要深入调查。

另外,对于调查时所需要出具证明的文件,调查机构都需要查阅验明。

2. 透彻原则

调查机构对于所需要调查的内容,不仅只是对文字资料进行情况核实,更要与当事人和政府机构,以及中介机构等进行沟通和调查。例如有的骨干型技术人员虽然已经在企业工作,但是他们与原单位的用工关系是否已经终结,都需要了解清楚。

3. 区别对待原则

(1)针对不同类型的企业,尽职调查需要有不同的侧重点。例如,当企业还是处于种子期,其法律关系相对简单,调查重点可以放在企业团队建设和知识产权等领域,或者是技术的专利性等方面。而企业如果已经进入成熟期,由于其成立时间已经比较长,法律关系复杂,风险点也相对较多,因而此时的尽职调查就需要非常全面。

(2)行业的不同也决定了尽职调查中法律环节的不同。例如,在高科技产业中,知识产权是企业发展的核心问题,如果知识产权不清楚,很容易造成企业核心竞争力缺失,最终导致企业存在基础的丧失。

(3)不同背景的企业,所要求的调查重点也不一样。例如,企业在建立之初就是股份制企业,产权结构清晰,因而调查的重点可以放在公司的治理结构或者技术层方面。

如果企业是后来改成股份制的,那么改制的规范性和相关主体的利益是否已经妥善解决,这是需要详细调查的。

对于民营企业来说,调查的重点需要放在内部制度的规范性和公司结构,以及公司和自然人之间的借贷等方面。

4. 独立原则

为了调查报告的客观公正,调查人员在调查过程中需要保持独立性。当前,PE 机构的尽职调查有如下几种模式:一种是自行调查,也就是 PE 团队中抽出人手组成调查队伍;一种是委托调查,也就是 PE 机构委托专业律师事务所进行调查;还有一种是在联合投资的时候,由另一方进行调查,其余各方将调查报告作为投资决策的参考。

5.2 项目评估

在实际操作中，项目评估分为初步筛选和价值评估两大类。其中，项目初步筛选是 PE 机构在接收到企业方提交的投资建议书或者是商业计划书后，初步评估项目是否符合 PE 投资机构的初步筛选标准。一旦通过初步筛选，PE 投资公司会派出专人对企业进行深入调查，最终确定是否继续深入接触。

5.2.1 项目评估流程

投资项目评估分为以下几个步骤，如图 5-5 所示。

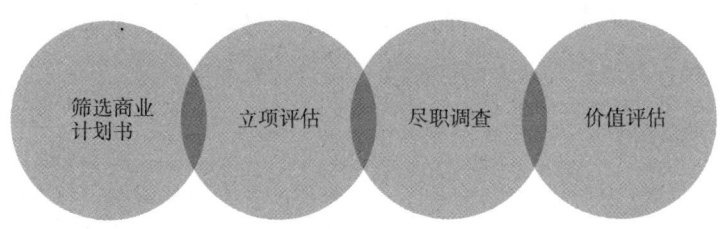

图 5-5　项目评估的流程

1. 筛选商业计划书

商业计划书里的主要内容是：企业管理团队的情况、企业的竞争优势、盈利模式、企业的成长性、投资方的进入和退出方案、风险分析和财务报告等；围绕目标企业管理团队的素质和管理、技术和市场、市场和财务，企业过去和未来，以及投资资金的进出等内容。

2. 立项评估

通过商业计划书可以了解到被投资企业的以下几点情况：

（1）所投资项目的来源是否合理。

（2）项目是否符合PE机构投资行业的要求。

（3）由于PE机构的投资以同时多项投资为主，因而商业计划书里的项目是否符合投资的组合要求也是评估要点之一。

（4）项目发展阶段的需要是否符合PE此时的投资计划。

（5）项目的投资规模是否符合PE机构的规模。

（6）项目的位置是否符合PE投资机构的区域要求。

PE机构对项目进行初步评估，符合要求可以开始立项，否则就是初步筛选不通过，整个项目直接否决。

3. 尽职调查

尽职调查是PE决定投资与否的一个重要步骤，其调查的侧重点在于管理团队、技术因素、市场因素、实施能力、财务状况、退出方式和宏观因素等方面，具体内容前文已经详细讲解，这里不再赘述。

4. 价值评估

价值评估分为：无形资产评估、有形资产评估、盈利资产调查和成长潜力资产调查。每个部分的具体评估方向如下：

（1）无形资产评估。

根据无形资产的来源（自主研发还是外部购买）综合其他要素得出估值，并且要和有形的利润挂钩。

（2）有形资产评估。

包括资本结构、资产清单和历史凭证等。通过专业会计师审核的账面净资产为基础，考察应收、存货、应付、税收、摊账、折旧等影响收益的因素，以及企业的应收账款、账龄结构，产成品及原材料中的库存等，对净额作适当剔除。另外，还要考察负债、抵押、担保等资产安全性因素，并最终根据综合账面净值、调整项目及其他因素得出估值。

（3）盈利资产调查。

主要包括对资产的历史数据分析、敏感性分析，以及对非盈利资产和与业主无关的资产做剥离后的统计。同时，还要考察从前的销售记录、综合盈利记录、市盈率、销售情况分析及其他因素得出估值。

（4）成长潜力资产调查。

通过参照营运收入、销售额、收益增长率等数据，判断出企业的成长性有多高，以及未来收益的增长幅度。

5.2.2 立项评估

在立项评估之初，首先要通过项目的初评，这是指PE机构根据基金的投资风格和投资方向要求，以及对被投资项目进行初步判定。一般来说，每个基金都有自己的评价体系和投资偏好，因而在项目初评阶段，PE机构的经理往往凭借经验就能做出判断。

一般来说，PE机构经理会考虑项目的投资规模以及项目所处的行业，是否是基金熟悉的领域，有没有该行业的专业人才。同时，也会对项目所处的发展阶段做一个界定，是种子期、创业期、扩张期还是成熟期，毕竟不同的阶段所进行的投资是不一样的。另外，PE经理还会对被投资企业的产品特别关注,会衡量产品的创新性、扩展性、可靠性、维护性、可信竞争力等,以及对企业的管理团队进行分析和对投资区域进行考虑。如是大城市还是中小型城市。

在对项目的表面信息进行筛选后,PE 投资经理会进一步考察通过初步评估的项目。虽然还没有深入到尽职调查,但是也会根据项目方提交的商业计划书内容进行全面的技术、经济认证和评价,从而更加全面地了解项目本身。

评估的内容通常会围绕商业计划书里写到的行业特征,产品或者服务的技术开发,经营目标和前景预测、财务状况、市场容量、竞争情况,风险管理和控制评估,以及投资收益等方面展开。

另外,还会对技术特别考察,尤其是会理清被投资企业技术的发展脉络和走向,衡量技术转化为商品的能力,以及对退出方式和产业价值进行评估。

在对项目方提供的商业计划书进行研究后,PE 经理通常会和项目方的创业者进行访谈,让创业者就一些关键性问题做口头介绍或者讲演。通过这种形式,PE 经理可以核实商业计划书里写到的主要事项,并且了解到私募股权投资机构是以何种形式参与到其中,创业者接受何种形式的资金退出,以及对创业者的素质有一个直观的了解。

5.2.3 价值评估

所谓价值评估,指的是 PE 投资机构根据尽职调查所得到的项目资料,通过科学的价值评估方式对企业价值进行评估的过程。价值评估是 PE 机构对外投资过程中关键的一步。事实上,不论是项目投资还是项目退出,都需要对项目企业进行价值评估。

企业的价值评估分三种:成本法、市场法和收益法。这三种估值方式的详细内容,如表 5-1 所示。

表 5-1　企业价值评估内容

评估方式	概念	使用前提	优点	缺点
成本法	用现时条件下的重新购置或建造一个全新状态的被评估项目所需的全部成本，减去被评估项目已经发生的实体性陈旧贬值、功能性陈旧贬值和经济性陈旧贬值，得到的差额作为被评估项目价值的一种价值评估方法	1. 目标企业的表外项目价值，企业整体价值的影响可以忽略不计 2. 资产负债表中单项资产的市场价值能够公允客观反映所评估资产价值 3. 购置一项资产所愿意支付的价格，不会超过具有相同用途所需的替代品所需的成本	一目了然，资料容易取得	1. 不能反映出企业未来的经营能力 2. 不同资产需要不同方法计算 3. 不适合拥有大量无形资产的企业评估
市场法	指在市场上选择若干相同或近似的项目或企业作为参照物，针对各项价值影响因素，将被评估项目分别与参照物逐个进行价格差异的比较调整，再综合分析各项调整结果，确定被评估项目价值的一种价值评估方法	1. 有一个活跃的公开市场 2. 有与评估对象相同或者相似的参考企业或交易案例 3. 能够收集到与评估相关的信息资料，同时这些信息资料应具有代表性、合理性和有效性	1. 从统计角度总结出公司的特征，得出的结论有一定的可靠性 2. 计算简单、资料真实，容易得到股东的支持	1. 理论支持不够明确 2. 会计准则和市场影响比较大 3. 很难找到具有完全可比性的参照物
收益法	指通过估算被评估项目在未来的预期收益，并采用适宜的折现率折算成现值，然后累加求和，得出被评估项目价值的一种价值评估方法。根据预期收益估算方式的不同，收益法又可分为实体现金流量折现法、现金流量折现法和现金流量评估法等	1. 投资主体愿意支付的价格，不应超过目标企业按未来预期收益折算所得的现值 2. 目标企业的未来收益能够合理地预测，企业未来收益的风险可以客观地进行估算 3. 目标企业应具持续的盈利能力	1. 对企业未来的经营状况和获利能力比较注重 2. 具有坚实的理论基础	1. 模型中的很多参数难以确定 2. 计算步骤冗长

5.2.4 市盈率模型和现金流折现模型

在实际运用中,对于创业企业的估值比较适合的是市场法和收益法。从理论上来说,收益法将企业未来持续经营的现金流考虑进去是比较成熟的估值办法,但是由于计算复杂,对参数假设数据要求高,因而在国内私募股权市场上,使用最多的估值方式是市场法。

市场法中,最经常用到的估值模型是市盈率模型和现金流折现模式。

1. 市盈率模型

市盈率(P/E)是股价与收益的比率。市盈率模型的基本原理是在预测项目企业收益的基础上,根据一定市盈率来评估项目企业的价值。

计算公司价值的具体演算过程为:

因为:市盈率 = 参考企业价值÷参考企业预期收益

所以:项目企业价格 = 项目企业预期收益×市盈率

项目企业现价 = 项目企业预期收益×市盈率÷(1+预期收益率)

在运用市盈率模型计算目标企业价值的时候,需要注意以下两点,如图5-6所示。

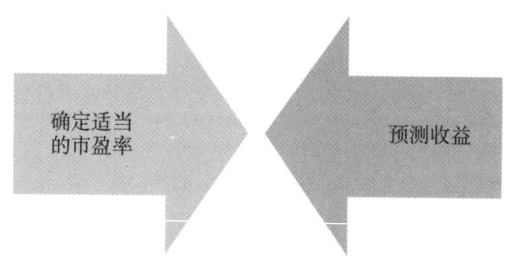

图5-6 运用市盈率计算项目企业价值要点

(1)确定适当的市盈率。

由于企业还没有上市,因而没有自身的市场价格。为解决这种情况,机构在估值的时候通常会选择和目标企业有可比性的、已经上市企业的市盈率，或者是整个行业平均市盈率作为参考。但是究竟选择哪个市盈率，取决于私募股权投资基金的实际情况和在尽职调查中所取得相关材料的难易程度。

另外，由于企业上市通常具有比较高的风险，因而在考虑市盈率的时候，需要打个折扣。

（2）预测收益。

目标企业的商业计划书里计算出来的企业利润初步预测，通常是建立在预测假设得出的企业业务计划的基础之上。为核实数据的真实可靠性，PE投资机构需要对利润进行核实，主要围绕业务计划是否符合实际，以及预测假设是否合理。

未来利润的预测可采用下列公式：

预期利润＝市场容量×市场份额×销售净利润率

2. 现金流折现模型

现金流折现模型的基本原理是，将项目企业各年度的自由现金流量进行折现值后再累加，即得出项目企业的价值。

（1）计算公司价值的推演过程，如下：

企业价值＝企业权益价值

企业权益价值＝企业总价值－债务价值

企业总价值＝营业价值＋外援投资价值

营业价值＝预测期现金流量现值＋预测期后现金流量现值

现金流量净现值＝∑年度预期自由现金流量÷（1＋收益率）

自由现金流量＝毛现金流量－投资支出

毛现金流量＝息税前利率×（1－所得税）＋折旧

（2）根据上述的推演公式，就可以运用现金流折现模型计算出目标企业的价值。

计算目标企业价值的主要步骤,如图 5-7 所示。

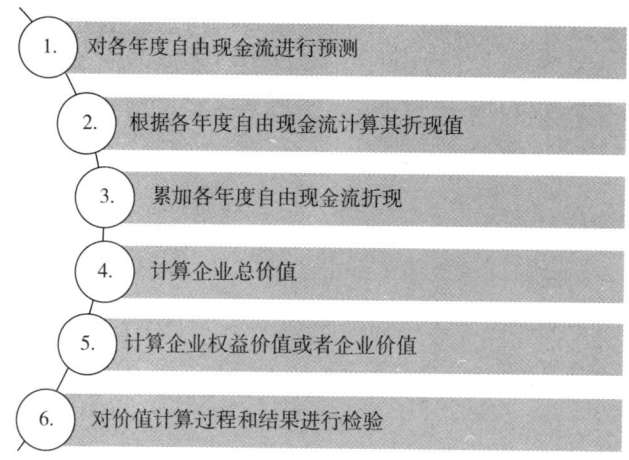

图 5-7 现金流折现模型计算目标企业价值步骤

(1) 对各年度自由现金流进行预测。

包括计算扣除调整税的净营业利润与投资支出;计算价值驱动因素;形成综合历史视角;分析财务状况;了解战略地位;制订绩效情景;预测个别详列科目;检验总体预测的合理性。

(2) 根据各年度自由现金流计算其折现值。

通常根据非股权投资和股权投资的不同成本,来确定和商定不同的收益率或折现率,并考虑它们的不同权重。

(3) 累加各年度自由现金流折现。

通过累加各年度自由现金流折现,得出连续价值估值,并选择适当的预测期限,最后根据必需的估计参数进行调整。

(4) 计算企业总价值。

将前面各年度累加得出的营业价值估值加上其间的外源性投资价值,即为企业总价值。

(5)计算企业权益价值或者企业价值。

将企业总价值扣去债务价值后的余额,即为企业权益价值或企业价值。

(6)对价值计算过程和结果进行检验。

第 6 章
退出机制，账面数字转化为现金

  私募股权投资是循环投资，具有"投资—管理—退出—再投资"的循环过程。私募股权投资的根本目的，并不是为了控制投资企业或者取得企业的长期经营权，而是为了在恰当的时机退出，让投资者获得高额收益。因此，合理有效地退出就成为投资流程中最重要的环节，这也最能体现出资本循环流动和私募股权资本的活力。

6.1 把握最恰当的退出时机

所谓退出,是指私募股权投资基金机构在所投资的企业发展相对成熟以后,将其所持有的权益资本在市场进行出售,实现收回投资、获得收益的过程。通过退出获得收益是股权投资的最终目标,也是判断投资机构运营能力和盈利指标的一个重要参考。

6.1.1 退出流程和时机的确定

私募股权投资机构的退出流程,一般是按照以下顺序进行的:

(1) 确定退出时机。

(2) 评估退出的路径。

(3) 设计整个退出的过程。

(4) 退出当事方需要做的工作都安排好,并且建立奖惩机制。

(5) 着手进行退出过程前的准备。

(6) 开始启动退出程序。

(7) 与有意向接手的企业进行谈判。

(8) 监督整个退出流程。

(9) 交易结束并且清算。

(10) 对整个退出流程进行复盘。

在实际运营中，私募股权投资基金在退出时机的选择上，不但要考虑被投资企业当时的运行状态和收益水平，还要分析当时、当地的宏观经济环境等。

一般来说，退出时机的确定可以参考以下几点，如图 6-1 所示。

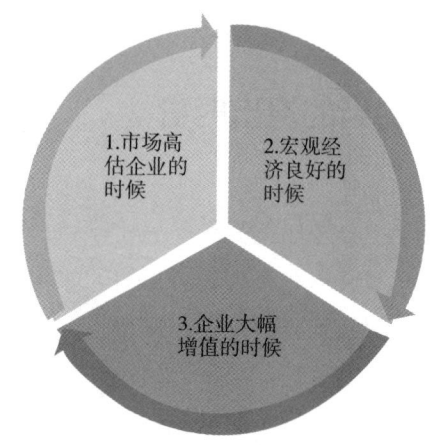

图 6-1　退出时机的确定

1. 市场高估企业的时候

这是退出时机选择的最佳状态。对于企业来说，市场会不会高估自己，更多的是取决于投资者的预期。一般来说，只要是在行业运营现状比较好的情况下，私募股权投资机构是比较擅长拉高投资者对企业的期望值的。

2. 宏观经济良好的时候

在整体经济格局良好，企业又被认为是属于朝阳行业的时候，一般都能以比较好的价格卖出。

3. 企业大幅增值的时候

事实上，只要私募股权投资机构在投后管理上令企业的业绩提升，获得大幅增值，就是属于比较好的退出时机。

6.1.2 退出过程的设计和监控

在决定退出路径后，私募股权投资机构开始对整个退出流程进行安排，如图6-2所示。

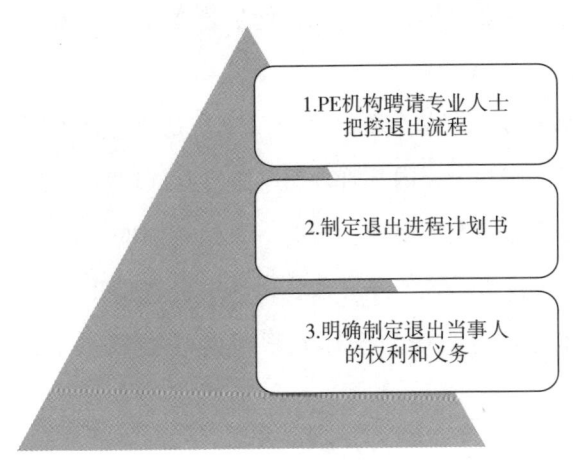

图6-2 退出过程的安排

1. PE机构聘请专业人士把控退出流程

基金经理通常会聘用各方面的专业人士，来负责退出流程中不同方面的运作。例如，会请与退出相关的法律、税务和商业事物方面的机构，由专门机构进行实时监控，以此来保证退出过程的每一环节都能正常运作。

2. 制定退出进程计划书

私募股权投资基金结合退出途径的特点，制定一份具体的退出进程计划书。这份计划书有助于退出的顺利进行。

3. 明确制定退出当事人的权利和义务

由于退出过程一般会牵涉到大量的人力和物力，因而在退出的具体过程中，私募股权投资基金需要给退出牵涉到的具体当事人分配好权利和义务，以此来确保退出的顺利进行。

当私募股权投资机构一系列相应的准备工作完成后，整个退出流程就正式开始了。

（1）要把事先准备好的所有相关信息都提交给潜在投标方。但在这一过程中，是需要潜在投标方在获取任何信息之前，签署有法律效益的保密协议。

（2）私募股权投资基金要给潜在投标方提供他们认为自己需要的额外信息，也允许他们和公司内部管理团队进行有选择性地接触，了解情况。

虽然退出的形式有很多种，但有一点是相同的：在收到投标人的投标书后，私募股权投资基金的经理和公司高层会花费几个星期的时间来评估报价。因而在这个过程中，投标人很可能还会根据情况的变化而修改报价。

6.2 退出的主流形式

私募股权投资的本质就是从投资到退出,再进行投资的过程。因而对于 PE 投资者来说,退出就是股权投资的最终目的。

6.2.1 上市退出

IPO 退出,也就是首次公开发行股票退出,指的是等到企业成熟后,通过在证券市场挂牌上市,PE 机构逐渐减持该公司股份,实现股权投资资金增值和退出。

企业上市有中国境内上市和中国境外上市两种:境内上市指的是深圳证券交易所(简称:深交所)或者上海证券交易所(简称:上交所)上市;境外上市最常见的则是香港交易及结算所有限公司(简称:港交所)、纽约证券交易所(简称:纽交所)和美国全国证券交易商协会自动报价表(简称:纳斯达克)等。

IPO 退出可以令投资机构在证券市场杠杆作用下,通过抛售所持有的股份获得最大幅度的收益,这也是我国 PE 最喜欢的退出方式之一。

根据已经披露的数据显示：2015年10月到2016年10月一共有175家机构从94家IPO企业中成功退出。从IPO企业退出数据来计算，获利的PE机构占总体的92.55%。其中，PE通过IPO退出持有的时间平均为58.55个月，平均投资金额为2734.12万元，平均投资回报为3.15倍。

IPO作为最受欢迎的PE退出方式，其原因如图6-3所示。

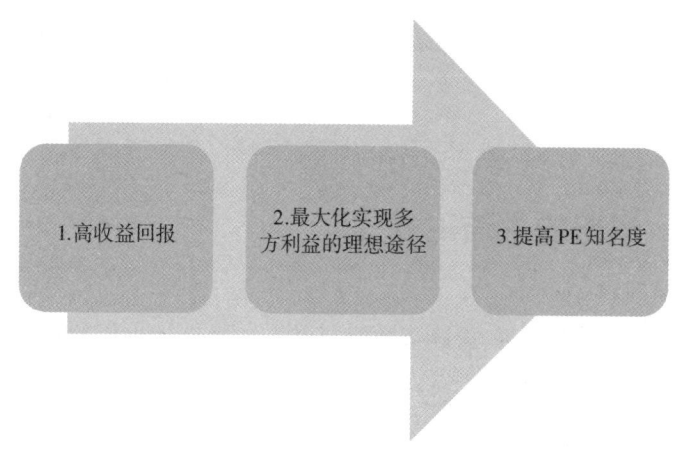

图6-3 IPO退出方式的优势

1. 高收益回报

相较于其他退出形式，IPO退出能使投资者获得更多收益，多数可以达到投资金额的几倍甚至几十倍。尤其是在金融大环境比较好的情况下，鉴于资本市场的放大效应，目标企业上市后，PE机构在二级市场上转让所持有的股份往往可以获得超过预计的高收益收入。

2. 最大化实现多方利益的理想途径

对于PE投资者来说，成功的IPO退出，意味着高额回报。而对于企业来说，从私人企业转变为公众企业，不但提升了企业的知名度，还增加了企业资金的流动性，同时还有力保障企业规模经济的发展和自身发展扩张的需求，对企业的长远发展产生着积极的影响。

3. 提高 PE 知名度

目标企业 IPO 退出的成功运作，肯定了 PE 机构有着优秀的资金运作能力和管理经营水平，不但能吸引更多的投资机构，还能扩大基金公司和基金管理人在业界的影响力，最终为以后的私募股权投资奠定基础。

虽然 IPO 退出是 PE 投资者最理想的退出方式，可以实现 PE 和目标企业双赢，但也存在一定的局限性，比如：

（1）企业上市难度大。

由于牵涉到社会公众投资者利益，因而不论境内还是境外，企业上市标准都非常高，且监管严格。

IPO 对于拟上市的企业有诸多要求，例如企业的经营年限、经营条件等，而且由于监管严格，对于投资机构来说，收益也可能会因为 IPO 退出渠道畅通与否而有所变化。因而越来越多的 PE 机构倾向于创业板上市。

（2）IPO 手续繁琐，过程复杂。

IPO 上市程序繁琐，哪怕企业满足上市条件，但也不得不经历一个漫长的申请——从上市到实现上市交易的过程。

6.2.2 兼并与并购

兼并，指的是被投资的企业被其他有实力的企业合并后组成新公司。

并购，指的是私募股权投资机构将自己的股份转让给其他企业，这些企业往往通过收购股份来达到控制公司的目的。

对于私募股权投资基金来说，当被投资企业无法达到上市要求，或者是机构认为企业的发展达不到自己预期的，一般会采用兼并方式退出资本。

而被兼并掉的企业，整体规模变大，成本降低，生产规模变大，外部融资能力也会提高，往往会带来协同效应：因为存在一个效率的改进，因而并购后企业的产出大于并购前两家企业的产出之和。

通常来说,第三方企业往往是因为产业相关所以会并购被投资企业,它们出于自身发展的战略规划等,通过收购企业,进一步提高技术实力,拓宽市场。因而对于第三方企业来说,并购一个好的项目对自身的发展很有利。

而对于被投资企业来说,虽然不能独立上市,但是可以继续保持原有投资,利用第三方公司的资源促进自己的发展。因而对于被投资企业来说,并购也是一个不错的选择。

目前,并购已经成为私募股权投资基金退出的重要方式。从理论上来说,并购退出的收益不如IPO的收益高,但是并购已经成为当下私募股权投资基金选择退出的主要方式了。根据数据显示:表现良好的公司中,有80%是通过并购退出的。

私募股权投资基金通过并购方式退出,其优点有以下几点,如图6-4所示。

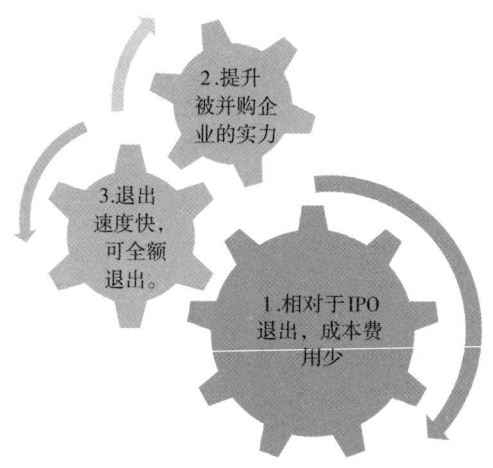

图6-4　并购退出的优势

1. 相对于 IPO 退出,成本费用少

由于并购是和少数的几个潜在购买者进行谈判交易,因而成本相对低,手续也简单,中介费用不超过并购总价的 7%。

2. 提升被并购企业的实力

被并购企业可以利用第三方企业的资源,使用对方的市场和技术,将外部成本内部化,因而对被并购的企业来说是有利的。

3. 退出速度快,可全额退出

使用并购退出,私募股权投资基金可以省去很多不必要的中间环节,通常只需 4~6 个月就能顺利地从被投资企业中迅速全部退出。

并购退出的缺点也是很明显的,有以下几点,如图 6-5 所示。

图 6-5 并购退出的缺点

1. 相对于 IPO,收益少

一般来说,并购退出的收益将会是首次公开发行股票的 20%。

2. 企业容易失去自主权

由于企业将股份卖给其他企业后,被并购企业的独立权和自主权将会遭到很大影响。因而很多股东都会反对并购。

3. 容易产生信息不对称

由于并购的双方都是处于非公开的市场中,因而很容易出现信息不对称的状况。例如,被并购方会隐瞒自身缺陷等。

4. 并购双方会有一个磨合期

由于并购双方会在业务和管理上有一个磨合期,因而在这段时间,很容易影响到经济利益。

目前,证券市场上已出现过上市公司收购上市未成功公司的案例。

例如:2013 年 1 月 15 日,四川成飞集成科技股份有限公司(股票代码:002190,以下简称"成飞集成")将以"现金+股份"方式收购上海同捷科技股份有限公司(以下简称"同捷科技")87.86% 的股份。而早在 2006 年,同捷科技就经历了海外上市失败,以及 2009 年启动改制后引入创投机构试图在境内上市,但最终还是不成功。根据成飞集成公告的资料显示,通过本次交易,投资同捷科技的数十家投资机构都成功获利退出,在获取现金的同时还以 12.58 元/股的价格获取成飞集成股份,从而获得成飞集成股价上涨带来的收益。

6.2.3 股份回购退出

股份回购指的是被投资企业管理层按照之前约定的价格,用现金或者票据的形式将 PE 机构持有的企业股份赎回,使得投资机构从被投资企业中退出。

在通常情况下,PE 机构在资本进入时双方就已经签订好股份回购的协议,同时对回购条件、回购价格和回购时间等都做好预先说明。

股份回购虽然不是一种很好的退出方式,但是能保证 PE 已经投入的资本安全,因而成为 PE 实现退出的备选方式。

股份回购退出方式的优势有以下几点,如图 6-6 所示。

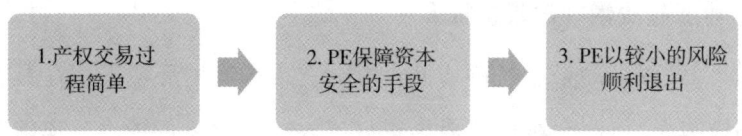

图 6-6　股份回购退出方式的优势

1. 产权交易过程简单

由于股份回购的交易主体比较少,因而权责明确,整个交易的过程相对简单。

2. PE 保障资本安全的手段

如果被投资企业在发展中价值不能按照预计的增长,PE 机构只能通过股权回购来保障自己的利益。

3. PE 以较小的风险顺利退出

如果说被投资企业的价值很难有大增长,而股份回购的方案可以顺利实施,那么对于 PE 投资者来说,将资金撤出后重新回到资本市场上,进行更有价值的投资,也未尝不是一件好事。

股份回购退出方式的缺点有以下几点,如图 6-7 所示。

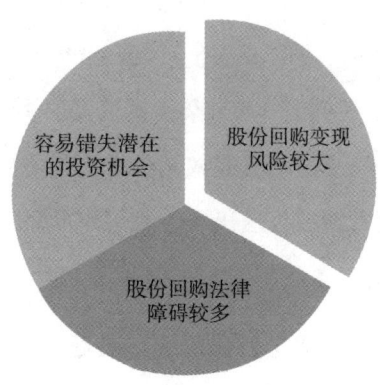

图 6-7　股份回购退出方式的缺点

1. 容易错失潜在的投资机会

如果 PE 投资的企业是科技型企业，在市场发展环境下往往具有很强的不确定因素，而 PE 机构的退出正好又在企业爆发的前夕，那就很容易错失被投资企业的大好发展机会。

2. 股份回购变现风险较大

由于股份回购的退出代表着企业经营并不是很理想，因而一般会采用长期应付票据等非现金的结算模式，这就存在变现的风险问题。

3. 股份回购法律障碍较多

股份回购交易需要准备好符合国家法律法规要求的文件，同时也要符合《中华人民共和国公司法》有关股权结构、股份减持和资产权益的相关规定。

6.2.4 "新三板"退出

新三板全称"全国中小企业股份转让系统"，是我国多层次资本市场的一个重要组成部分，同时也是继上海证券交易所、深圳证券交易所之后第三家全国性证券交易场所。

随着国家金融政策的不断开放，近两年来新三板挂牌数和交易量突飞猛进，至 2017 年上半年共有 1325 家公司成功挂牌新三板，160 家公司摘牌。目前，新三板已经成为私募股权基金退出最主要的渠道。

私募股权基金投资新三板退出渠道有以下几种，如图 6-8 所示。

1. 二级市场退出

根据《全国中小企业股份转让系统有限责任公司管理暂行办法》的规定，新三板转让可采取协议方式、做市方式或竞价方式等转让方式。

（1）协议转让：指在股转系统下，交易主体直接洽谈后达成股权交

图 6-8　新三板的退出渠道

易。在这种交易中,买方需要有比较专业的知识才能避免投资失败。

(2) 做市转让:是指在交易双方之间再加一个中间者"做市商",通过做市商向市场提供双向报价,投资者根据报价决定是否和做市商交易。一般传统做市商制度下,投资者是不直接做配对交易的。

(3) 竞价转让:根据 2015 年 11 月证监会发布的《关于进一步推进全国中小企业股份转让系统发展的若干意见》,现阶段暂不实行连续竞价交易。但是随着分层管理制度的退出,在可预计的未来,部分做市交易会转为竞价交易。

2. 转板退出

虽然我国目前并没打通转板通道,但是我国相关部门正在研究新三板公司向创业板转板试点。之前虽然已经有几家 IPO 实现转板,但不是完全意义上的转板,更多的只能是说实现了转板的 IPO 培育。

转板制度表明我国在建设多层次资本市场过程中有了新的举措,可以增强市场的流动性,改善挂牌企业进入资本市场的预期,也能吸引到更多的优质上市公司来新三板挂牌。

3. 并购退出

兼并收购是指企业通过购买其他企业的全部或者部分股权、资产,达到影响和控制其他企业的经营管理。

私募股权投资基金作为企业的股东，是可以通过这种方式退出以求得资本增值。

相对于其他退出方式，新三板退出的优势有以下几点：

（1）市场化程度高而且发展快。

（2）市场要求比主板市场宽松，机制比较灵活。

（3）相对主板来说，新三板挂牌要求宽松、挂牌时间短、成本低。

（4）国家政策的大力扶持。

而新三板退出的缺点也是很明显的，由于流动性较差和退出价格不确定因素太多，一直被资本市场诟病。究其原因，也是因为投资门槛过高、做市商数量不足，以及政策预期不明朗等因素。

6.2.5 清算退出

所谓清算退出，指的是由于被投资企业的技术不能达到预计的标准，或者是企业因为其他原因无法经营下去，因而采用清算的方式解散企业，而私募股权投资者会根据清算规则获得部分资金。

这种模式的退出，是私募股权投资者和被投资企业都不愿意看到的，也是投资失败的表现。

在早期风险投资中，虽然投资风险大，但是收益也高；成熟阶段风险小，但是收益也相对偏低。根据统计，在所有的退出方式中，哪怕私募股权投资总额的32%是用清算方式退出，也会损失36%左右的初始资本。

清算退出分为：破产清算和非破产清算。

破产清算是指公司因为资不抵债而导致公司解散清算；非破产清算是指公司资产可以清偿债务，因而解散公司所进行的清算。

根据《中华人民共和国破产法》规定：破产清算时偿付的顺序是债

第6章 退出机制，账面数字转化为现金

务、优先股、普通股。但通常绝大多数私募股权投资者在资本进入前和被投资企业签署的协议里，都会要求采用优先股形式入资。一旦发生清算退出，偿付顺序还是可以在债务之后。另外，还有些投资者是采用股权和债权相结合的方式，债权支付会在股权之前。

清算退出的优势有以下几点，如图6-9所示。

图6-9 清算退出的优势

1. 将损失降到最低

私募股权投资的风险无处不在。不管是投资种子期企业还是成熟期企业，项目投资失败都是无法避免的。这时，如果企业发生财务状况严重恶化，而且无法通过自己的努力来改善这一切，那么清算退出是减少损失的无奈之举。

2. 控制风险的最后选择

如果说项目失败的局面已经无法挽回，那么资本及早退出是上上之策，千万不要纠结已经损失的部分，而是应该将还能拿回来的资金尽早赎回，投入到更有前途的项目中。

3. 符合适者生存的市场竞争规律

清算退出是由于项目本身在市场竞争中遭到失败，属于优胜劣汰，适者生存的范畴。这对整个市场环境的良性发展是有利的。

清算退出的缺点有以下几点，如图6-10所示。

图6-10　清算退出的缺点

1. 法律程序复杂

根据我国目前的法律法规，破产清算需要按照《中华人民共和国公司法》《中华人民共和国破产法》《中华人民共和国民事诉讼法》的有关规定。其中，《中华人民共和国破产法》并不有利于PE基金的顺利退出。

2. 对PE的市场品牌影响较大

事实上，一旦项目是以清算方式退出，这就宣告投资者此次投资彻底失败。对于PE投资者来说，不仅会承担很大的资产损失，还会影响到今后融资效应。

3. 不同国家地区不同的法律设置，容易错过最佳退出时机

不同国家地区的《公司法》所规定的破产清算实施都不尽相同，因而私募股权投资者容易错过最合适退出时机，放大风险投资者损失。

6.2.6 借壳上市后退出

资本市场一般可以通过两种方式上市：一种是 IPO，就是首次公开发行股票并上市。IPO 的操作是只要走完流程，准备好所需要的资料就可以了；另一种是借壳上市。

所谓借壳上市，指的是把非上市的企业或者资产注入已经上市的企业中，彻底改变上市公司的主营业务，以及实际控股人和名称，并且上市后在一定条件下进行股份增发。

在这一过程中，私募股权投资机构利用自身资源，帮助被投资公司寻找适合的"壳"，使其上市，最终使自己获利并退出。

相对于排队等候审核批准的 IPO 公司，借壳上市的时间和流程都大大减少，在所有资质都合格的情况下，半年内就能走完整个审批流程，不但节省了高额的律师费用，还不用公开企业的各项数据。

例如：2017 年，北京贝瑞和康生物技术股份有限公司借壳天兴仪表上市方案，获得中国证监会审核通过，标志着贝瑞和康生物技术股份有限公司借壳上市取得了实质性的成功。而基因检测行业的龙头老大华大基因还在 IPO 排队中。

不过，借壳上市也滋生了很多问题。例如内部交易，高价壳资源对现有估值体系的扰乱，以及对资本市场的退市制度的削弱等。

针对这一现状，2016 年 9 月修订之后的《上市公司重大资产重组管理办法》对借壳上市的行为再一次进行规范，虽然把注入资产的监管期时间缩短，但是在判断是否构成借壳这一界定上，并不只是仅仅局限于资产总额，还需要更多方面的判断。这也就是说，证监会对借壳的审批流程是越来越严格了，例如 2016 年借壳新规明确表示：

（1）上市公司控制权发生了变更。

（2）上市公司控制权变更后的 60 个月内，由上市公司或子公司向新控制人或者关联方购买的资产用于支付对价而发行的股份，达到了控制权变更前一个会计年度合并财务报表相对应项目的一定标准（100%）或者主业发生了变更。

6.3 美国私募股权投资基金退出机制参考

美国是私募股权基金退出机制最完备的国家之一,其退出机制在一级市场上除了有IPO外,还有并购、二次出售等形式。而目前二级市场的退出已经逐渐成为美国私募股权退出的重点。

所谓二级市场的退出,指的是私募股权投资人将私募股权收益通过二级市场出售给其他投资人。这种方式有利于资金流动,促进私募股权基金的发展。

对于我国私募股权投资者来说,研究美国私募股权投资基金的发展有助于提高自身对资本市场发展的认识,也是一种很好的借鉴方式。

6.3.1 一级市场退出机制

美国私募股权投资基金在退出机制上,有一级市场退出机制和二级市场退出机制的选择。

对于一级市场退出机制来说,有两种方式可供选择,如图6-11所示。

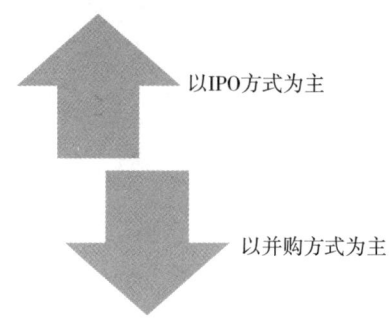

图 6-11　美国 PE 在一级市场退出方式选择

1. 以 IPO 方式为主的退出

上世纪 80 年代，随着美国经济的复苏，资本市场日趋活跃，仅 1996 年因为有私募股权投资而成功上市的企业就达到 268 家，融资金额高达 198 亿美元。1990 年以后，有数以百计的私募股权投资基金是通过 IPO 方式退出。IPO 退出，一度成为美国私募股权投资基金最理想的退出方式。

以创投风险为例，1999 年有 273 家私募股权投资基金是通过 IPO 形式退出，2000 年则是 261 家 PE 机构，数字基本持平。

在该时期，美国多层次资本市场发展已经呈现金字塔型，全国性证券交易所市场（主板市场）、纳斯达克市场（创业板市场）、场外交易市场（柜台交易市场）、区域性交易市场各司其职，因而不同形式的私募股权投资基金都能找到适合的方式退出企业。

同时，在不同市场和主板间，还建立了"升降转板机制"。如果有企业不满足主板市场或者纳斯达克市场上市条件，那就可以转入场外交易市场，而表现极差的企业可以将其强制退市，表现优异的企业，如果达到主板或者纳斯达克市场的标准，则可以根据市场规定申请上市。

2. 以并购方式为主的退出

进入 2000 年以后，美国私募股权投资基金通过 IPO 方式退出案例逐年下降，与此同时并购和二次收购的股权基金案例在不断上升。根据 Pitch-Book（一家关注私募股权、PE/VC/并购的数据库及数据分析服务提供商）提供的数据显示，以创业风险投资基金退出为例，在 2004 年至 2013 年间，PE 投资退出方式中最主要的是公司并购，其次是二次收购，最后是 IPO。

6.3.2 一级市场退出机制的阶段特征

在美国私募股权投资基金发展过程中，一级市场退出机制呈现出以下特征，如图 6-12 所示。

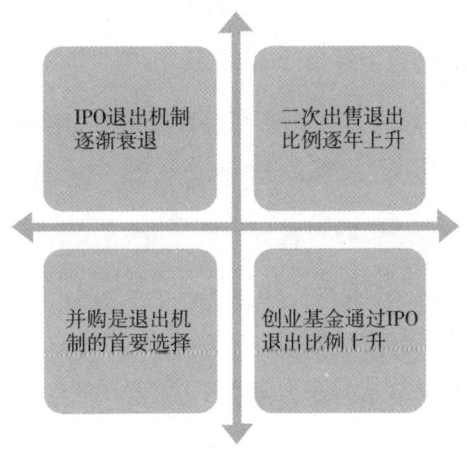

图 6-12 美国一级市场退出机制的阶段特征

1. IPO 退出机制逐渐衰退

在美国私募股权投资基金退出机制中，IPO 退出在 2000 年以后开始逐渐衰退，继而由公司并购和二次出售的形式取代。

之所以会产生这样的状况，一种说法是由于美国对《1933 年证券法》和《1934 年证券交易法》做出大幅修订，并且通过萨班斯法案，试图令上市公司遵守证券法律，提高公司信息披露的准确性和可靠性，达到保护投资者的目的。而对于初创企业来说，由于其经营管理结构并不完整，因而该法案增加了这些公司试图 IPO 上市的成本，投资者不得已转为别的方式退出。

另一种说法，则根据 GrantThornton 会计师事务所在 2009 年发布的研究报告指出，其实 IPO 衰退早于 2002 年萨班斯法案颁布前。

产生这个结论的原因除了交易方式改革和其他法规的变革外，更重要的是从 1998 年开始，美国首次公开发行股票的速度已经跟不上上市公司退市的速度。美国公司为了遵循萨班斯法案和其他各种要求，实施 IPO 的平均费用为 250 万美元，而上市后维持运营的成本每年仍然要 150 万美元，高昂的成本令 PE 转向公司并购和二次出售的退出机制。

2. 二次出售退出比例逐年上升

根据数据显示，2007 年美国私募股权投资基金通过二次出售退出比例是 36%，而到了 2012 年、2013 年分别占比 40% 和 44%。究其原因，不外乎两点：2013 年美国募集的股权资本是 2008 年以来的新高，私募股权投资基金有充足的资金进行交易；近年来，全球低利率环境，有利于私募股权投资基金通过融资方式交易。

3. 并购是退出机制的首要选择

根据统计数据显示，2009 年美国私募股权投资基金在退出机制中占比 64%，虽然此后逐年下降，到了 2013 年降至 50%，但在三种退出机制中仍然是占比最高的。

这是由于 PE 投资人在二次收购中同时拥有买家投资人和卖家投资人的身份，以及很多买方会认为，通过私募股权投资的企业在数年后仍然不能以 IPO 形式退出或者寻找到其他策略性买家出售，那么企业的资源很可能已经被耗费相当大的比例。

基于这些原因，通常美国私募股权投资基金的退出还是会以公司收购为主，二次出售为次，IPO 为最后。

4. 创业基金通过 IPO 退出比例上升

自 2008 年金融危机后,新创企业的融资开始变得困难重重。企业想要在美国上市,除了正常的准备工作外,上市后还要符合萨班斯法案中对内部控制的要求。然而,美国政府希望能崛起大量的"独角兽"企业。为此,2012 年 4 月通过《新创企业启动法案》(简称 JOBS 法案),鼓励新创企业将股票通过 IPO 方式在美国资本市场筹资,方便新创企业的上市。

6.3.3 二级市场退出

二级市场退出,指的并不是出售被投资公司股权,而是投资人在私募股权基金中的投资权益转让。在美国,私募股权投资者选择二级市场退出,其原因主要是:

(1) 根据《投资公司法》要求,私募股权基金要求投资人在投资时,需要承诺出资十年或者十年以上;为了避免私募股权投资人超过 100 人或不超过 35 个非合格投资人等,需通过投资契约或有限合伙契约限制转售。因而私募股权投资基金出资后很难从一级市场退出,只能通过投资人权益转让从二级市场退出。

(2) 美国证监会发布的 144A 法规,除了限制交易期间及交易量外,还禁止私募股权投资人公开出售其在私募股权基金中的投资份额;《506》法规规定可将有限合伙权益出售给合格投资人,因而最终该法案刺激了私募股权投资基金投资人从二级市场退出。

(3) 私募股权基金投资人一开始只会投入承诺出资的 20%~25%,并不会投入全部承诺的出资额,因而有限合伙投资人利用财务杠杆投资的程度高于普通合伙人,但是也意味着有限合伙权益缺乏公司普通股东的可转换上市期权;私募股权投资人拥有更多私募股权基金内部效益情况,由于在转让股权问题上,买卖双方的信息不对称,导致有限合伙权售价降低,造成了私募股权投资权益流动性差的问题。而二级市场退出机制能有效补充私募股权退出的方式,提高了私募股权投资基金的资金流动性。

6.3.4 退出机制启示录

纵观美国私募股权投资基金的退出机制,再结合我国现阶段私募股权投资发展现状,可以总结出以下两点,如图 6 – 13 所示。

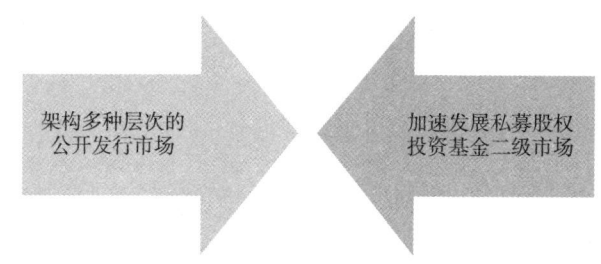

图 6 – 13 我国现阶段私募股权投资退出机制发展建议

1. 架构多种层次的公开发行市场

目前,我国私募股权投资基金的退出机制还是以 IPO 为第一选择。与美国多层次资本市场正三角形结构不同,我国目前的资本市场是呈现倒三角结构,虽然有多层次公开发行的资本市场,但是由于各市场间的区分并不明显,很多创业风险投资基金所投资的公司会因为规模小、资金薄弱等问题而被拒之 IPO 门外,从而导致创业风险投资基金不能通过 IPO 形式退出。

为促进我国资本市场持续稳定、健康地发展,也为了有利于私募股权投资基金在一级市场退出,可以在对主板上市标准严格规定的基础上,最大限度地放宽创业板上市标准。同时,要加强对中小板市场,尤其是创业板市场的法规管制。

2. 加速发展私募股权投资基金二级市场

美国二级市场发展至今，俨然已经成为一级市场退出机制的有力补充。对于我国来说，值得借鉴以下两个方面：

（1）中介制度的引入。

由专业的中介机构对卖方进行评估，可减少交易成本，增加投资意向，同时还能提升私募股权投资基金退出二级市场的意愿。

（2）建立有效的交易平台。

美国有着丰富的私募股权基金二级市场交易平台。例如高盛设立的可交易非注册证券场外交易平台，以及由花旗集团、雷曼兄弟、美林证券、摩根士丹利及纽约银行共同设立 OPUS 交易平台等。多元化的平台有利于提高交易效率，促进二级市场的发展。

第 7 章
风险控制,为财富保驾护航

从项目的选择,到投资、管理以及最后的盈利退出,私募股权投资需要经历一个漫长的过程。其中任何一个环节都会存在风险,例如价值评估风险、委托代理风险,或者退出风险等。为尽量避免和降低投资中的风险因素,投资机构需要对风险进行管理和把控。

7.1 私募股权投资中的风险

在私募股权投资中存在的投资风险一般包括以下几类,如图7-1所示。

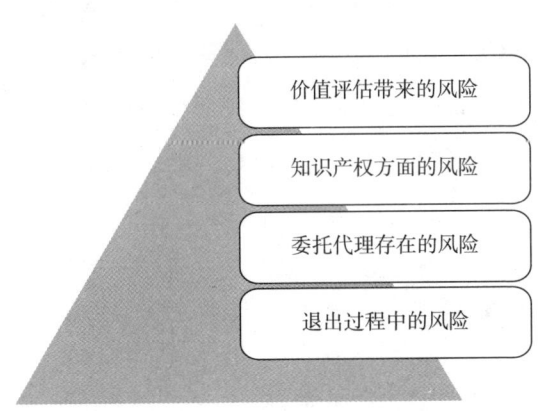

图7-1 私募股权投资中的风险

7.1.1 价值评估带来的风险

对被投资项目的评估结果决定了投资方最终投资与否,以及投资多少等。其中,过高的评估价值会导致投资效益的下降。加上私募股权投资的流动性差，未来现金流流入和流出的不规则，以及投资成本和未来市场的不确定性因素等，使得投资的价值评估风险会成为私募股权投资基金的直接风险之一。

7.1.2　知识产权方面的风险

当私募股权投资机构投资的是高科技企业，或者是因为看中企业的技术而投资时，技术产权的归属问题是需要调查清楚的。如果在所有权上有瑕疵，例如该技术是属于技术人员在原单位工作时发明的，显然会加大私募投资的风险。因而对于这一风险，投资机构需要通过专业人士的评估，确认核心技术的权利归属。

7.1.3　委托代理存在的风险

这里的委托代理具有两层涵义：第一层是投资基金管理人和投资者之间的委托代理；第二层是指私募股权投资基金与企业之间的委托代理。

第一层的风险，指的是不排除会有一部分不良私募股权投资基金的经理为了获取某些不恰当的利益，采用不正当的手段和途径，在投资交易过程中暗箱操作，违背管理人义务，严重损害投资人的利益。

第二层的风险，指的是由于投融资双方信息不对称，导致委托代理中产生"道德风险"的问题，损害了投资者利益。

7.1.4　退出过程中的风险

由于我国对于上市企业有着严格的要求，诸如上市公司的股本总额，发起人认购的股本数额，以及企业经营业绩、无形资产等都有严格要求，因而导致中小企业主板上市困难，创业板市场也较难挤入。同时，产权交易市场性质功能定位不清，缺乏统一透明科学的管理，因而对私募股权投资基金的退出增加了退出风险。

7.2 投资项目的风险控制

私募股权投资在确定了所投资的项目以后，为避免投资的彻底失败，通常会对项目进行风险管理，以免投资的彻底失败。

一般情况下，会采用以下方式对所投资的项目进行风险控制，如图7-2所示。

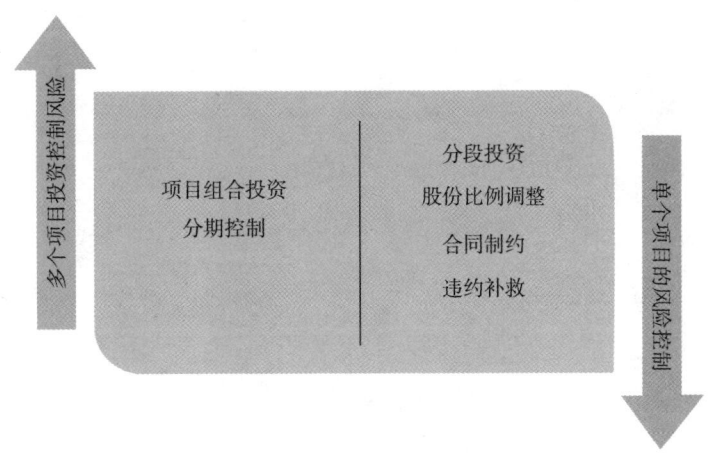

图7-2 投资项目的风险控制

7.2.1 多个项目投资控制风险

如果私募股权投资资金规模比较大,一般会采用"项目组合投资和分期控制"两种形式进行风险管控。

"项目组合投资",指的是同时投资几个项目,以免造成某个项目投资的彻底失败。一般情况下,会把资金投放到不同的项目中,形成一个项目投资组合。尤其是当投资于不同行业、不同区域和不同发展阶段的企业时,私募股权投资机构的投资风险就会大大降低。

而所谓的"分期控制",指的是私募股权投资基金设计出整套的项目管理风险控制体系,从事前审查和事中控制两部分着手,在项目实施的小组提交投资方案以及对被投资企业实行非现场监控和参与重大决策等都进行全面参与和把控,从而把项目的风险降到最低。

7.2.2 单个项目的风险控制

在实际运作中,单个投资项目的风险控制一般是从以下几点展开的,如图7-3所示。

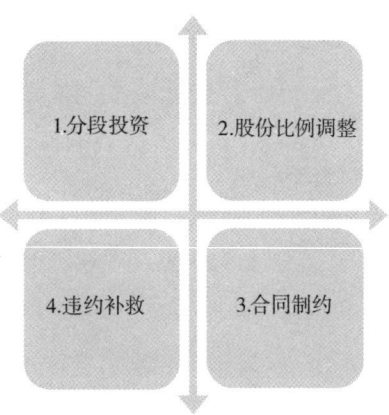

图7-3 单个项目的风险控制

1. 分段投资

这是指为避免企业浪费资金，私募股权投资机构把投资资金进行分段控制，依据项目的进程和资金的需求进行拨款。投资基金每次投入的资金不会过多，只要能确保资金够企业发展到下一阶段即可。为充分保障投资者的利益，投资机构还会要求保留放弃追加投资的权利和优先购买企业追加融资时发行股票的权利。

通过这些措施，企业只有在运行良好的时候，投资机构才会进行下一阶段的资金投入。如果企业没有达到预期的盈利水平，下一阶段的投资比例会被调整，甚至会取消后续的投资。对于投资机构来说，这是一种有效的监督企业经营和降低经营风险的一种投资方式。

2. 股份比例调整

指的是投资机构运用复合型的金融工具，例如转换优先股和可转换债券等组合形式，对投资中的股份进行调整，达到降低风险的目的。

利用金融工具，尤其是可转换优先股的运用，通过优先和普通股之间的转换比例，或者转换价格之间的调整而相应调整私募股权基金和被投资企业之间的股权比例，用来满足私募股权基金和被投资企业彼此之间不同的目标和需求，达到既能保护投资人的利益，又能享受到企业成长的利益所得，同时还能调动起被投资企业经营发展的积极性。

3. 合同制约

为防止企业方作出不利于投资者权益的行为，在投资前，投资机构会和被投资方签订合约，就投资方的利益保证进行详细规定。同时，投资方还会设置条款保证投资者退出，实现投资变现的权利。

4. 违约补救

私募股权投资基金的投资活动并不是以控制被投资企业为目的，而是为了追求高利润的收益。因而在投资的时候，投资机构可以接受只有少数控股的地位，但是需要和被投资企业签订合约，写明在一些重大问题上，投资方是需要有特别投票权的。尤其是当被投资企业没有按照协议签订的业务计划经营企业，或者是被投资企业有明显违反协议，提供虚假信息，以及在投资机构进入后，被投资企业的大量债务浮出水面等情况出现时，都需要被投资企业承担全部责任。同时，投资机构保留调整优先股转化比例，提高投资者股份的权利，以及可以将被投资企业管理层的更多股份，更多董事会席位转移到投资机构中，有些甚至享有解雇被投资企业管理层的权利。

通过这些方式，可以有效降低已经发生的投资风险，最大程度保护投资者的利益。

7.3 法律风险

对于国内私募股权投资基金而言,虽然有《中华人民共和国证券法》《中华人民共和国公司法》《中华人民共和国合伙企业法》等为其提供了法律依据,但是鉴于目前我国的法律法规规范不足,私募股权投资过程中存在了诸多法律风险。

总体来说,法律风险会牵涉到以下几个方面,如图7-4所示。

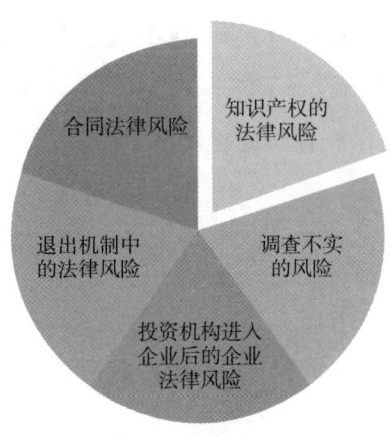

图7-4 私募股权投资过程中的法律风险

7.3.1 合同法律风险

私募股权投资基金和投资者之间签订的管理合同或者其他类似的投资协议，如果存在合同上的法律风险，通常会是牵涉到保证金安全、保证收益率等不受到法律保护的条款。

（1）根据我国相关法律规定，私募股权投资基金在募集资金时，是不能向投资者承诺年收益的。但是在实际操作中，为了吸引客户，有部分私募基金会违规操作，和客户签下具有保证形式的合同。这种情况下，即使有书面合同，投资者的利益也得不到法律的保障。

（2）私募股权投资机构在和目标企业签订投资协议时，双方的权利和义务中所牵涉到的协议某些部门内容，很可能会带来合同和法律风险。这个过程牵涉到三个方面的风险：缔约不能的法律风险、谈判过程中牵涉到的技术成果等商业秘密需要保密的法律风险，以及缔约不当的法律风险。通常，这些风险更多是由义务而引起的法律风险。

7.3.2 知识产权的法律风险

如果投资机构看重的是企业的核心技术，需要注意的是知识产权的法律风险，可能存在以下几个方面：

（1）所有由目标公司和其附属机构拥有或使用的具有可识别性的标志，包括商标、服务标识、商号、著作权、专利和其他知识产权。

（2）涉及特殊技术开发的作者、提供者、独立承包商、雇员的名单清单和有关雇佣开发协议文件。

（3）为了保证专有性秘密而不申请专利的非专利保护的专有产品。

（4）公司知识产权的注册证明文件，包括知识产权的国内注册证明和国外注册证明。

（5）正在向有关知识产权注册机关申请注册的商标、服务标识、著作权和专利的文件。

（6）正处于知识产权注册管理机关反对或撤消程序中的知识产权的文件。

（7）需要向知识产权注册管理机关申请延期的知识产权的文件。

（8）申请撤消、反对、重新审查已注册的商标、服务标识、著作权和专利等知识产权的文件。

（9）国内或国外拒绝注册的商标、服务标识权利主张，包括法律诉讼的情况。

（10）其他影响目标企业或其附属机构的商标、服务标识、著作权、专有技术或其他知识产权的协议。

另外还有包括商业秘密、专有技术秘密、雇佣发明转让，其他目标企业及其附属机构作为当事人并对其有约束力的协议，以及与目标企业或其附属机构或第三者的知识产权有关的协议都有可能存在知识产权的法律风险。

7.3.3 调查不实的风险

由于私募股权投资机构投资的都是非上市企业，所以投融资双方是处于信息不对称的地位。投资方为了尽可能多地了解目标企业真实情况，必须要进行法律调查，明确在合作过程中会出现的风险和法律问题。

如果中介机构在尽职调查中失职，需要承担投资机构的损失，同时被投资企业也会面临因为提供不实资料而必须要承担的法律责任。

7.3.4 投资机构进入企业后的企业法律风险

通常这类的风险包括：合同风险、不规范经营风险、债权过于集中引起的风险、决策风险、员工意外伤害风险、员工道德风险、公司印章管理不严带来的债务风险、投资合作风险、分支机构风险、借贷风险，以及担保风险等等。

7.3.5　退出机制中的法律风险

在我国，IPO 退出是最受私募股权投资者欢迎的形式。股票上市以后，投资者作为发起人，只要经过一段禁止期后就能出售所持有的企业股票或者是按照比例逐步出售所出售的股票，成功退出后获得高额收益。

通常上市退出会有两种途径：直接上市和买壳上市。对于我国很多企业来说，直接上市门槛比较高，很多企业无法达到要求，于是企业会转向另一条途径，即买壳上市。

虽然买壳上市不用完全经历普通上市的各种步骤，在较短时间内就能实现上市目标，甚至还能在一定程度上避免财务公开等监管。但是，从实际运作上看，如果买方没有对卖方做好深入调查，尤其是对债权人的索债请求、偿还日期和上市公司对外担保而产生的一些负债等债务问题做出充分调查，很有可能存在债权人通过法律手段取得上市公司资产或分割买方已经取得的股权，从而令企业有失去控制权的风险。

而管理层回购方式的退出，存在的主要法律风险通常表现在私募股权投资基金进入时签署的投资协议中，回购条款设计不合法或者回购操作违反《中华人民共和国公司法》等法律法规。

7.4 风险管控原则

从私募股权投资过程来说,风险管控需要把握的原则通常有以下几点,如图7-5所示。

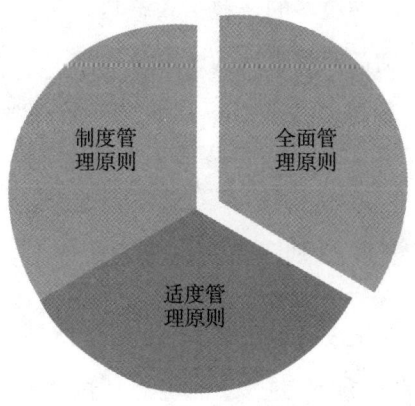

图7-5 私募股权投资风险管控原则

7.4.1 制度管理原则

在风险管控制度上,需要做到的是对被投资企业每个部门的职责都了然于胸，同时对自己的责任和义务也都清晰明了，在此基础上能制定有的放矢的风险管控原则，促进业务展开。

另外，在一些敏感问题上，例如印章管理制度等尤为重视。如果盖了公司红章的白纸轻易就可以拿到，很容易会让心存不轨的人借机做出一些不利于公司的事情。因而需要将印章保管、使用、审批和监管等流程都清晰地写入可操作制度中，风险监督部门特别要做监督和检查，确保印章的使用安全。

至于其他流程，例如尽职调查的程序，审批决策程序以及保密、存档、合同执行等方面，风险管控管理部门都要根据规定展开工作。同时，还要注意制度的实行，从流程到内容、从奖励到批评、处罚等各环节都完整、清晰、可行，才能确保将风险管控工作落到实处。

7.4.2 全面管理原则

在管理中，风险管控和法务需要区分开来。风险管控工作并不只是参与尽职调查、管理合同，更多的还包括投资机构进入被投资企业后，需要对财务、管理、技术和道德等方面做好风险管控。

这些管控点存在公司运行的各个环节。例如投资机构在进入项目时，进行的调查、审查和决策等环节中。

7.4.3 适度管理原则

在实际操作中，无论是投资决策，还是牵涉到公司正常运营的情况等，风险管控机构都需要参与进来。但是，风险管控工作并不能强行干涉到企业的运行中，投资行业本身就是高风险、高收益的行业，因而最适合的形式，就是风险管控部门做好风险提示。在企业作出各种决策前，将可能遇到的各种风险都要提示清楚，最后由投资决策委员会或者是董事会衡量后作出决策。

7.5 风险管控方法

在私募股权投资基金风险管控工作的实际操作中总结发现,比较有效的风险管控方法包括以下几点,如图7-6所示。

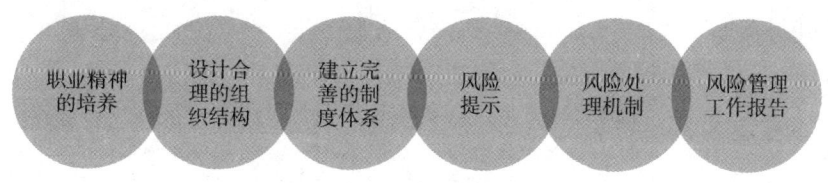

图7-6 风险管控方法

7.5.1 职业精神的培养

具备职业精神是对公司团体员工的要求,并不只是局限于管理层。只有从领导到员工,从前线到后台都具有职业精神,才能将风险管理、制度管理落实到实处。要做到这一点,需要人力资源部门做好员工的培训计划,同时高层领导要以身作则,全面提升员工的职业精神和道德水准。

7.5.2 设计合理的组织结构

不同的企业具有不同的组织结构。风险管控部门往往会和业绩部门的操作有冲突。如何在两者之间寻找到平衡点,需要组织结构设置完善,考虑周到。通常来说,将风险管控部门设置在总经理管辖之下并不是一个很好的结构,因为总经理是负责业务,而风险管控部门很可能会对业务中的某些操作产生顾虑,并要求停止该项业务。一旦发生这样的碰撞,总经理的选择就会非常为难。因而把风险管控部门设置为对董事会负责并且汇报工作,更为恰当,这也是投资行业的特殊性决定的。

7.5.3 建立完善的制度体系

投资机构可以根据自身资金规模和管理能力等情况,将风险管控的制度落实,建立一系列的规章制度督促风险管控条例的实施,真正将工作落实到位。

7.5.4 风险提示

风险提示工作需要参与到投资的整个过程中。

(1)在投融资双方谈判时,风险管控部门需对相关问题的风险以批注形式提出,并且写明处理意见。

(2)对于已经签订的合同,风险管控部门需要整理清楚彼此的各项权利和义务,对可能发出风险的要点提前做好风险提示。

(3)已经投资的项目需要根据签署的相关文件和投后管理等报告,对投资项目的重要关键点进行归纳和总结,并且向投后管理部门做出风险提示。

(4)对于投资委员会上需要审批的项目,风险管控部门要出具书面的风险提示书,给各委员参考。

7.5.5　风险处理机制

风险一旦发生，风险管控部门需要和相关业务部门一起制定解决方案，并且根据方案参与到调解、起诉、执行等过程中，同时还要配合相关执法部门、律师等。

7.5.6　风险管理工作报告

根据风险管理制度的执行情况，风险管控部门需要制作风险管理的工作报告，并且上报给董事会和执行董事，同时还要视具体情况决定抄送报告的其他人员。

7.6 控制风险的条款

随着我国资本市场的繁荣,私募股权投资基金在中国出现爆发式增长。投资机构为防止私募股权投资过程中可能出现的法律风险,同时确保资金安全的前提下实现投资的利益最大化,需要在投融资双方签署协议的时候,做好具体的交易条款设计。

7.6.1 对赌条款

对赌条款,也称对赌协议(Valuation Adjustment Mechanism,VAM),直译为"估值调整协议",是由投资方和融资方在达成协议时,对企业未来业绩不确定时进行的约定。当触发约定的情形时,投资方可以行使对自己有利的权利。反之,融资方可以根据协议,采用另一种对自己有利的权利。

例如,某个被融资的企业业绩达到协议中所要求的某一额度,投资方获得溢价回报,在这个前提下,投资方需要向企业管理层支付一定数量的股份。如果企业的业绩没有满足协议中规定的业绩指标,企业管理层就需要向投资方支付一定数量的股份，用来弥补投资方收益的不足。通过这类条款，可以有效保护投资人利益。

能够决定是否采用对赌安排的是投资方和融资方的管理层，而且双方在对企业价值的衡量上都有一致的观点，即企业的价值在于未来的收益能力，因而企业的真实价值其实很难做出准确的判断。

基于这样的观点，融资方认为企业未来前景可观，投资方认为企业现状和面临的困难比较棘手。在双方意见不能达成一致的情况下，对赌协议的条款可以令投资方和融资方都能接受：即假设企业确实发展很好，远超投资方预计，那么投资方需要追加补付价款。反之，融资方需要减收退还价款。

在私募股权投资的实际案例中，对赌协议使用非常频繁。例如，在入股蒙牛案例中，摩根士丹利、鼎晖、英联3家机构投资者精心设计"对赌协议"，约定从2003年～2006年，蒙牛乳业的每股盈利复合年增长率不低于50%。若达不到，金牛公司（股东均为蒙牛管理层、内部职工或者有关业务联系人）就要将最多7830万股股权转让给机构投资者，或者向其支付对应的现金；如果业绩增长达到目标，摩根士丹利等机构就要拿出自己的相应股份奖励给蒙牛管理层。

不过最后蒙牛业绩喜人，最终投资方和融资方达到双赢。

7.6.2 反稀释条款

反稀释条款（anti-dilution provision），也称反股权摊薄协议，用于优先股协议中，指的是当目标公司在后续项目融资或者定向增发过程中，私募股权投资人为避免股份贬值及份额被过分稀释而采取的措施。

反稀释条款在创业型私募交易和成长型私募交易合同中比较常见，通常会在协议中注明，在未来某个时间段，当股份贬值或者股权被稀释的时候，投资方可以以某一个价位购入股份，保证自己的股权比例。

反稀释条款的设计原理，如图7-7所示。

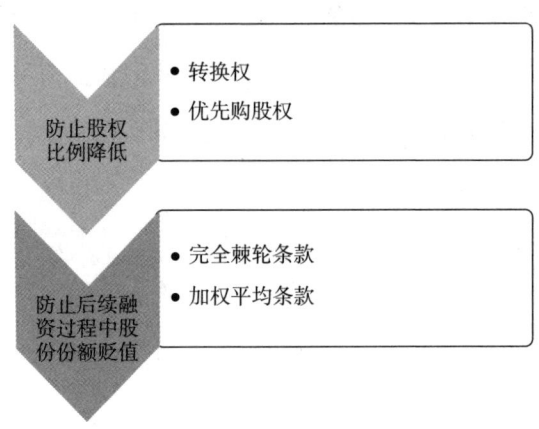

图7-7 反稀释条款设计原理

1. 防止股权比例降低

为防止投资机构在所投项目的股权结构上股权比例降低，投融资双方在签署协议的时候，投资方会要求保留转换权和优先购股权。

所谓转换权，指的是被投资企业在发生送股、股份分拆、合并等股份重组情况时，转换价格需要作出相应的调整，以保证自己所持有的比例。

例如，优先股按照3元/股的价格发行给投资人，那么初始转换价就是3元/股。后来公司决定按照每1股拆分为3股的方式进行股份拆分，则新的转换价格调整成1元/股，对应每1股优先股可以转为3股普通股。

而优先购股权，指的是当被投资企业后续融资增发新股，或者老股东转让股权时，在同等条件下，私募投资人享有按比例优先购买或受让的权利。这是为了确保私募投资者不会因为被投资企业后续融资发行新股或股权转让，而导致自身持股比例下降。

2. 防止后续融资过程中股份份额贬值

当被投资企业进行新一轮降价融资时，通常股份的发行价格会比投资机构前一轮转换价格低，这会导致其股份贬值。为解决这个问题，通常会采用以下保护条款：

（1）完全棘轮条款。

这是指投资人在新一轮降价融资前所换取的股份全部按照新的最低价格重新计算。例如，投资人以1元/股的价格购买1万股优先股，共投资10万元。几年以后，被投资企业以0.5元/股的价格向另一战略伙伴发行2.5万股，按照完全棘轮的算法，私募投资人的股份应该从1万股调整到2万股。

（2）加权平均条款。

指的是如果后续发行的股份价格低于前一轮的转换价格，那么新的转换价格就会降低为前一轮转换价格和后续融资发行价格的加权平均值。也就是说，给优先股重新确定转换价格时，需要同时考虑低价发行的股份价格和发行的股份数量。

虽然这两种方法都可以保证投资资产不贬值，但从实际操作中相比，对私募投资人比较有利的条款是完全棘轮条款。即使被投资企业以低价出售很少的股份，私募投资人的股份比例也会大大增加，但是如果从公平公正的角度来看，加权平均条款则更为合理。

反稀释条款能够保护私募投资人避免因为被投资企业降价融资而导致所持有的股份被严重稀释，对于投资者来说，这是非常有效的保护手段。同时，对于被投资的企业来说，也是一种激励手段，因为除非是能以更高的价格进行后续融资，否则普通股东的利益就会遭到损害。

在实际私募股权交易中，反稀释条款往往会成为双方谈判和签订协议时关键的一环。而投资者通过该项条款，也能实实在在维护自己的利益。

例如，2004年汇丰银行入股交通银行，持股比例为19.9%。在当时汇丰银行和交通银行签订的《投资人权利协议》一项中，定下了反稀释条款。此后，2005年交通银行公开发行H股及实施H股超额配售权，股票总数量大增，在股份份额不变的前提下，汇丰的持股比例稀释到了18.6%。到2007年，汇丰银行行使了反稀释条款的权利，采用从二级市场直接增持的做法，使其持股比例从18.6%上升到了19.15%。

利用反稀释条款，汇丰银行不但绕开了手续复杂的行政审批流程，还确保了自己在交通银行的第二大股东地位。

7.6.3 增持条款

增持条款也是一种股份认购期权条款，虽然和反稀释条款采用的增持手法类似，但是比反稀释条款的保护力度更大。

例如，在2005年建设银行上市前引入国际战略资本时，相关方包括建设银行、美国银行、中央汇金公司（曾经签署了《股权及期权认购协议》），根据协议内容，美国银行可以向汇金公司（建设银行大股东）购入建设银行174.82亿股，相当于全球发售前建行在外流通股份的9%。这些股份在全球发售完成后会转换为H股。同时，汇金公司还授予美国银行一项认购期权，允许美国银行向汇金公司购入建设银行H股的权利，其购入总数相等于截至全球发售结束日期建设银行已发行及在外流通股份的19.9%。

根据协议，美国银行行使这部分权利时不用获得中国监管机构的额外批准，只需要取得包括任何必须的同意，以及在送达一封列明期权行使所涉股份数目的通知书后就能生效。

协议还规定，2007年8月29日之前美国银行的行权价均为建设银行全球发售项下的每股发售价，这日之后美国银行行权价增加至招股价的

103%，对应每股 2.42 港元；一年之后，也就是 2008 年 8 月 29 日之后再度加至招股价的 107.12%，对应股价是 2.52 港元；2009 年 8 月 29 日、2010 年 8 月 29 日之后再度加至招股价的 112.48% 和 118.10%，分别对应的股价是 2.64 港元和 2.78 港元的行权价。

在实际操作中，根据建设银行 2008 年 5 月 27 日的公告，美国银行将于 6 月 5 日前向中央汇金公司（建设银行大股东）购入 60 亿股 H 股，双方交易价格为 2.42 港元，而当日收盘，建设银行的 H 股股价已达 6.65 港元。

从这个案例可以看出，美国银行通过形式期权收获颇丰。不过，这种收益是建立在上市公司股价上涨的基础上，而且以美国银行承诺技术协助作为代价的。如果说上市公司股价没有多少涨幅，投资者哪怕不用协议中的这项期权条款权利，也没有什么损失。

7.6.4 共同出售权条款

共同出售权又称依托权，是指当被投资企业的原始大股东出售所持有的企业全部或者部分股权时，投资机构有权以同样的价位、条件和比例出售其所有持有的被投资企业的股权。

共同出售权一方面可以限制大股东的退出方式，另一方面有助于私募投资人维持与大股东相同的股权变现能力。

例如，2006 年 2 月 24 日，卢森堡国际钢铁巨头阿赛洛（Arcelor）与莱芜钢铁集团有限公司签订的《股东协议》里的诸多条款中就有共同出售权条款，规定了被投资企业的原始大股东在出售所持有的企业股份时，投资者有权利享有与受让方同等待遇，同时还保留优先购买权。另外，还在协议中规定了该项权利使用的条件等。

7.6.5　IPO 风险补偿条款

如果在投资协议中签订了 IPO 风险补偿条款，当被投资企业没有在约定时间内上市，投资方有权要求被投资企业以不低于投资时的价格，赎回自己所持有的股权，或者要求原股股东或者管理层，受让其股权或者将股权转让给第三方，实现自己的套现，保证自己的投资收益。

从这方面说，IPO 风险补偿条款能促使被投资企业专注经营业务，努力推动本企业的上市流程，以便于私募投资者通过 IPO 退出，而不是转向其他方面以求得利益补偿。

例如，某投资机构入股国内某企业，在《投资协议》中约定被投资公司要在某个时间内完成境内或者境外的首次公开发行股票并且上市。如果企业没有能够按照这个约定实现股票公开发行并且上市，那么投资人有权利要求将其持有的目标公司股份，转让给任何第三方，同时书面通知被投资企业管理层这一股权的变动，而管理层则要无条件同意。

附录
投资入股
协议范本

投资入股协议书（非上市）

本投资入股协议书（以下简称"本协议"）由以下各方签订：

甲方：＿＿＿＿＿＿＿＿＿＿＿＿＿＿＿＿＿＿＿＿＿＿＿＿
法定代表人：＿＿＿＿＿＿＿＿＿＿＿＿＿＿＿＿＿＿＿＿＿
（以下简称为"甲方"）

乙方：＿＿＿＿＿＿＿＿＿＿＿＿＿＿＿＿＿＿＿＿＿＿＿＿
法定代表人：＿＿＿＿＿＿＿＿＿＿＿＿＿＿＿＿＿＿＿＿＿
（以下简称为"乙方"）。

鉴于：

甲方因企业发展，针对＿＿＿＿＿＿＿项目公司拟进行股权优化，并同意乙方向甲方入注资本。甲方原股东同意对其股权进行调整，并且确认放弃对新增股东所认缴出资股份的认购优先权。为此，本着平等互利的原则，经过友好协商，各方就公司入资事宜达成如下协议条款：

第一条　定义和解释

（1）定义

除非本协议另有定义，否则本协议所述术语具有其在合同法中所述的含义。

（2）标题

各条款的标题仅为方便查阅之用，不影响本协议的解释。

（3）提及

本协议中提及中国的法律时应包括届时有效的中国的任何法律、法规、部门规章、最高人民法院的司法解释和中国有关机关（包括中央机关和地方机关）发布的规范性文件。提及法律时应解释为对那些分别经不时修订或变更的规定的提及。对本协议的提及应解释为包括可能经修订、变更或更新之后的有关协议。

第二条　新增股东

（1）甲方原股东决议，决定吸收乙方参股经营且经乙方同意，由乙方持有项目公司____%的股权。

（2）经甲乙双方审计评估确认的现有净资产为依据，协商确定本条第1款中确定的股权认购价为人民币____万元。

（3）出资时间

乙方应在本协议签定之日起____个工作日内，将本协议约定的认购总价一次性足额存入甲方指定的银行账户。逾期60个工作日后，甲方有权单方面解除本协议。

（4）甲方指定收款账户信息

账户名：

开户行：

账号：

（5）股东资格取得

甲方收到乙方缴纳的全额认购金后，按照本条第2条所列金额向乙方出具收款收据，并将乙方列入股东名册。新增股东在股东名册登记后即视为公司股东，享有认购股份项下的全部股东权利、并承担股东义务。

（6）乙方按本条第5款取得股东资格后，甲方应予以办理本次投资入股后股东的工商变更登记等相关手续。

第三条 乙方的权利及义务

（1）乙方成为股东后，不论项目公司如何架构及命名或成立多家关联项目公司，乙方都是整个项目的股东，并享受项目组总和的权益。

（2）针对甲方年终开具财产目录借贷对照表，以及营业损益计算书，乙方如发现可疑之处，即可查阅甲方相关账薄，并检查其事务及财产状况。

（3）乙方损益应按照以上约定的股份权益比例分担。自获得股东资格第____年期年终日进行分红。（乙方获得股东资格后第年期年终日为第1年期）项目分红比例不低于当年可供分配利润的____%，并在10个工作日内由甲方以现金形式支付给乙方（代扣所得税）。

（4）乙方签署并履行本协议约定的各项责任和义务，不违反对其有约束力或有影响的法律或合同的规定或限制。

（5）乙方保证其依据本协议认购相应甲方股权的投资款来源合法，并且其有足够的能力依据本协议的条款与条件向甲方及时支付投资款。

（6）乙方有没有从事或参与有可能导致其现在和将来遭受吊销营业执照、罚款或其他严重影响其经营的行政处罚或任何违反中国法律、法规的行为。

第四条 甲方的权利及义务

（1）甲方负责发展项目公司目前经营的全部业务及全部债务。

（2）甲方决定公司最终的经营范围，并经工商行政管理部门核准后确定。

（3）甲方可根据未来业务发展需要，在国家法律、政策许可的情况下，采取各种方式多次募集发展资金。

（4）甲方保证是按中国法律注册、合法存续并经营的有限责任公司。

（5）甲方在其所拥有的任何财产上书面告知乙方未设置任何担保权益

（包括但不限于任何抵押权、质押权、留置权以及其他担保权等）或第三者权益；截止日后到本协议签定前所发生的任何担保权益或第三方权益，甲方仍有义务书面告之乙方。

（6）甲方每年向乙方提交了截至年终日止的财务报表及所有必要的文件和资料，并正确反映公司的财务状况和其他状况，并保证不得对乙方股东进行隐瞒或进行虚假、错误陈述。

第五条 资金的投向和使用

（1）本次入资用于公司的全面发展。

（2）资金具体使用权限由甲方股东授权领导班子依照公司章程等相关制度执行。

第六条 公司的组织机构安排

（1）股东会

入资后，甲方与乙方的所有股东依照《中华人民共和国公司法》以及其他法律法规、部门规章和公司《章程》的规定按其出资比例享有权利和承担义务。

（2）执行董事

公司的所有事务，由甲方股东推选的执行董事执行。

（3）管理人员

公司的主要管理人员由执行董事任免或依据甲方股东会决议任免。非主要职位的管理人员由执行董事任免。

第七条 退出清算

自本协议生效起 1 年内，乙方股东可以任意退出。乙方需提前 2 个月告知甲方，甲方全额现金支付返还投资的本金，约定无利息。1年之后，甲方不承担非员工股东保本约定，风险自负；甲方予以员工乙方股东任何时候保本退出的权利，约定无利息。

第八条 保密

鉴于本协议项下交易涉及双方商业秘密，双方同意并承诺对本协议有关事宜采取严格的保密措施。除履行法定的信息披露义务及任何一方聘请的负有保密义务的中介及服务机构外，未经对方许可，本协议任何一方不得向任何其他方透露。

第九条 争议的解决

（1）本协议受中国法律管辖，有关本协议的成立、有效性、解释和履行及由此产生的争议的解决适用中华人民共和国法律。

（2）凡因履行本协议而发生的一切争议，各方首先应争取通过友好协商的方式加以解决。如果该项争议在开始协商后30日内未能解决，则任何一方均可向甲方注册地的有管辖权的人民法院提起诉讼。

（3）继续有效的权利和义务。在对争议进行诉讼时，除争议事项外，各方应继续行使各自在本协议项下的其他权利，并应继续履行各自在本协议项下的其他义务。

第十条 其他

（1）本协议自各方盖章及其授权代表签字之日起生效。

（2）本协议系甲方向特定对象进行的非公开发行股份的集资，乙方不得向任何第三人转让甲方项目公司的权益。向大型机构投资者私募后，项目公司将转变为非公开发行股份的公众公司，乙方可在甲方内部股东之间进行权益转让，并经董事会书面同意。公开上市后，乙方股权转让严格按照《公司法》和公司章程的有关规定执行。

（3）本协议经各方签署书面文件后方可修改。

甲方：　　　　　　　　　　乙方：

法定代表人（签字）：　　　　法定代表人（签字）：

日期：　　　　　　　　　　日期：

自然人投资入股协议书

本协议的投资方分别为：

甲方：　　　　　　　　　　　公司地址：

乙方：　　　　　　　　　　　身份证号：

甲、乙双方一致认同，乙方作为新的投资人与甲方共同经营_____（以下简称"公司"）成为该公司股东。双方本着互利互惠、共同发展的原则，经充分协商，依据《中华人民共和国公司法》以及相关法律法规之规定，特订立本协议。各方按如下条款，享有权利，履行义务。

第一条　出资金额、方式、期限

（1）乙方以货币方式出资，出资金额为人民币____万元，占公司股份总数的____%。

（2）乙方自本协议签订之日起7个工作日内向公司注入以上出资。

（3）乙方在成为公司股东之后，依上述2项约定履行出资义务。

第二条　入股及股份的转让

（1）依法履行了法定入股程序后，方视为乙方已入股，成为公司股东。

（2）乙方转让股份，须提前3个月通知甲方及其他股东，且履行相应的法律程序。

（3）转让股份在同等条件下第一大股东有优先购买权。

第三条　股东（乙方）的权利及义务

（1）依公司章程享有股东权利，承担股东义务。

（2）依据____%的出资比例享有公司利润，承担公司亏损。

（3）对成为公司股东之前的公司经营利润不享有任何权益、对营业损失及债务亦不承担任何责任；乙方成为公司股东之后，若由于公司清偿乙方成为股东之前的债务致使乙方遭受损失的，由甲方向乙方承担赔偿责任。

（4）应按本协议书之约定7个工作日内支付相应款项。

第四条　承诺

甲方承诺，_____（公司名字）系合法注册，现依法经营的合法公司，否则，向乙方承担缔约过失责任，如还有其他损失，应据实赔偿。

第五条　违约责任

乙方若迟延支付款项致使公司遭受重大损失的，应给予相应的赔偿；若甲方因重大过错，致使公司遭受资金损失的，应当向乙方给予相应的赔偿。

第六条　争议的解决

因执行本合同所发生的或与本合同有关的一切争议，双方应通过友好协商解决，如协商不能解决，应向有管辖权的法院起诉。

第七条　合同生效及其他

（1）本协议未尽事宜，双方应共同协商，并且须签订补充协议。

（2）本协议书共4份，双方各2份。自双方签字之日起生效。

甲方：　　　　　　　　　　　　乙方：

法定代表/授权代表：　　　　　　法定代表/授权代表：

签字日期：　　　　　　　　　　签字日期：

股东投资入股协议书

甲方：　　　　　　　　　　身份证号码：

乙方：　　　　　　　　　　身份证号码：

本着相互信任、统一规划、统一管理、共同发展的目的。且甲方、乙方、丙方、丁方共同合作成立____公司。根据《中华人民共和国合同法》和有关法律、法规规定，全体合伙人协商一致就合伙事宜订立本协议以下条款，并共同遵守。

第一条　入股经济实体名称：

第二条　经营范围：

第三条　经营地址：

第四条　入股方式、出资金额和占股比例

（1）甲方以现金方式出资，计人民币____万元，占总股份的____%。

（2）乙方以现金方式出资，计人民币____万元，占总股份的____%。

（3）本出资共计人民币____万元，本装修经营期间财务独立核算，自负盈亏，各入股人的出资均为____财产，各入股人不得随意请求分割。

第五条　公司在装修经营期间所欠债务，由公司统一承担。

第六条　收益及责任

（1）____公司在经营期间所有事物由____经理管理负责。各位股东必须遵守公司规章制度，不在职股东及家属不得干涉所有公司管理。其他不在职股东应该全力协助经理处理外围事物（如：城管、物业、广告等）。

（2）本公司经营期间各股东自负盈亏。

（3）各位股东每日可以查账。本公司每月可按股东要求召开股东大会，如有股东缺席视为弃权，其他工作日如无特殊情况不得随意召开。

（4）如果以后有在公司担任职务的入股人辞去公司相应职位并另谋发展，自其离开之日起，离开的入股人应向其他入股人推荐相应人员担任其职务，并且需要所有入股人书面同意书后方可生效，否则视为无效。若未经60%持股人同意擅自决定者，处以____元/月的处罚。其他不在职股东应该全力协助经理处理外围事物（如：城管、物业、广告等）。

第七条　再投资比例及损益承担方式

（1）再投资比例：因经营需要再扩大投资，各入股人按现有占股比增加投资；如发展需要扩大经营需经60%持股人同意，方可生效。

（2）全体入股人均按投资占股比例分离收益及承担风险。

第八条　入股人的权利和义务

（1）入股人的权利

①入股人享有共同发展的表决权，下列事项需经60%的股份持有人同意。

②经营所得利润占股比例分配；经营所负债务按占股比例承担。

（2）入投人的义务

①共同维护入股企业财产的统一。

②承担入股企业经营的风险。

③应全力辅助经理，不能干扰公司经营管理。

④为公司工源节流，尽心尽责。

⑤为入股人争取最大的利益。

第九条 入股企业终止和入股企业转让

（1）因以下情况入股企业终止

①全体入股人同意终止入股企业的。

②入股企业被依法撤销。

③出现法律、行政法规规定导致入股解散的其他原因。

（2）入股企业转让

①入股企业转让以竞拍方式进行，竞拍人原则只能入股人。

②竞拍所得资金按各入股人占股份比例分配。

③未经全体入股人一致书面同意，不可对外招标竞拍，否则视竞拍无效。

第十条 退股与出资转让

（1）任何一方要求退股必须提前3个月告知其他入股人，原则上在入股企业效益不好时不得要求退股，但全体入股人同意的除外。

（2）任何一方自合同签订日算未满3年者原则上不允许退股或转让，如60%的股东以书面的形式通过除外，如未经60%的股东以书面的形式通过擅自离开满1个月，公司有权将当事人所持股份没收，所没收股份由在职股东平均分配当事人所占股份。

（3）退股人股份只能转让给内部入股人，未经60%股人书面同意股份不得转让内部入股以外的第三人，否则按其入股的比例承担所造成的损益。

（4）退股人股分按每年15%的折旧。

第十一条 财务问题处理

如果责任入股查处有财务问题，除责任入股人应退回所侵占、挪用的资产并承担由此所导致的全部经济损失外，其他入股人有权强制要求责任入股人退股，其全部股份按入股金的50%转让给其他入股人。若责任入股人不同意退股并转让股份，其他入股人有权按责任入股人自动退股处理，不退还责任入股人入股金并不予分配任何利润。

第十二条　特别约定

（1）如发生入股人自合同签订之日起算在职期未满3年退股者：A. 自合同签订之日起到1/3时，按当时入股金额的1/3退还，已分红利亦按1/3计算；B. 自合同签订之日起到1/2时，按当时入股金额的1/2退还，已分红利亦按1/2计算；C. 自合同签订之日起满3年时之前12个月之平均纯利润乘以18个月，作为总资产计算标准再按各投股份比例退还。

（2）入股且任职人员必须无条件接受公司调动和安排的事项。

（3）入股人不得以股东的身份在其担任职位的职务越权干涉比其职位高的人员，否则视为故意扰乱公司正常经营。

第十三条　禁止事项

（1）禁止入股人从事损害入股企业经营利益的行为。

（2）禁止入股人及其家属未在持有60%股权人授权下，私自干预入股企业管理。

（3）禁止入股人从事违法犯罪行为，否则由此所导致的一切法律责任均由其自身承担，入股企业不承担任何责任。

（4）入股人自驾私家车从事入股企业经营行为的，应注意交通安全，否则造成的交通违章、交通事故等一切责任和赔偿由入股人承担，与入股企业无关。

（5）严禁入股人使用公司车辆用作私用，否则因驾车造成的一切交通违章、交通事故等一切责任和赔偿由入股人承担，与入股企业无关。

第十四条　其他

（1）经全体入股人协商一致，可以修改本协议或对本协议未尽事宜进行补充，修改内容与本协议相冲突的，以补充修改后的内容为准。

（2）本协议一式 4 份，各入股人各执 1 份。

（3）本协议经全体入股人签名后生效，具有同等法律效力。

甲方：　　　　　　　　　　　　　　电话：

乙方：　　　　　　　　　　　　　　电话：

　　　　　　　　　　　　　　　　　　签订日期：　　年　月　日

股权转让协议范本

<u>　　　　　　　　　　</u>公司股权转让协议

甲乙双方根据《中华人民共和国公司法》等法律、法规和<u>　　　　</u>公司（以下简称"该公司"）章程的规定，经友好协商，本着平等互利、诚实信用的原则，签订本股权转让协议，以资双方共同遵守。

甲方（转让方）：　　　　　　乙方（受让方）：

住所：　　　　　　　　　　　住所：

第一条　股权的转让

（1）甲方将其持有该公司<u>　　</u>%的股权转让给乙方。

（2）乙方同意接受上述转让的股权。

（3）甲乙双方确定的转让价格为人民币<u>　　</u>万元。

（4）甲方保证向乙方转让的股权不存在第三人的请求权，没有设置任何质押，未涉及任何争议及诉讼。

（5）甲方向乙方转让的股权中尚未实际缴纳出资的部分，转让后由乙方继续履行这部分股权的出资义务。

（注：若本次转让的股权系已缴纳出资的部分，则删去第5款）

（6）本次股权转让完成后，乙方即享受<u>　　</u>%的股东权利并承担义务。甲方不再享受相应的股东权利和承担义务。

（7）甲方应对该公司及乙方办理相关审批、变更登记等法律手续提供必要协作与配合。

第二条 转让款的支付

（注：转让款的支付时间、支付方式由转让双方自行约定并载明于此）

第三条 违约责任

（1）本协议正式签订后，任何一方不履行或不完全履行本协议约定条款的，即构成违约。违约方应当负责赔偿其违约行为给守约方造成的损失。

（2）任何一方违约时，守约方有权要求违约方继续履行本协议。

第四条 适用法律及争议解决

（1）本协议适用中华人民共和国的法律。

（2）凡因履行本协议所发生的或与本协议有关的一切争议双方应当通过友好协商解决；如协商不成，则通过诉讼解决。

第五条 协议的生效及其他

（1）本协议经双方签字盖章后生效。

（2）本协议生效之日即为股权转让之日，该公司据此更改股东名册、换发出资证明书，并向登记机关申请相关变更登记。

（3）本合同一式 4 份，甲乙双方各持 1 份，该公司存档 1 份，申请变更登记 1 份。

甲方（签字或盖章）：　　　　　　乙方（签字或盖章）：

签订日期：　年　月　日　　　　　签订日期：　年　月　日